Conoce todo sobre Seguridad Digital e Informática

Conoce todo sobre Seguridad Digital e Informática

Juan Andrés Maíllo Fernández

La ley prohíbe fotocopiar este libro

Conoce todo sobre Seguridad Digital e Informática
© Juan Andrés Maíllo Fernández
© De la edición: Ra-Ma 2016
© De la edición: ABG Colecciones 2020

MARCAS COMERCIALES. Las designaciones utilizadas por las empresas para distinguir sus productos (hardware, software, sistemas operativos, etc.) suelen ser marcas registradas. RA-MA ha intentado a lo largo de este libro distinguir las marcas comerciales de los términos descriptivos, siguiendo el estilo que utiliza el fabricante, sin intención de infringir la marca y solo en beneficio del propietario de la misma. Los datos de los ejemplos y pantallas son ficticios a no ser que se especifique lo contrario.

RA-MA es marca comercial registrada.

Se ha puesto el máximo empeño en ofrecer al lector una información completa y precisa. Sin embargo, RA-MA Editorial no asume ninguna responsabilidad derivada de su uso ni tampoco de cualquier violación de patentes ni otros derechos de terceras partes que pudieran ocurrir. Esta publicación tiene por objeto proporcionar unos conocimientos precisos y acreditados sobre el tema tratado. Su venta no supone para el editor ninguna forma de asistencia legal, administrativa o de ningún otro tipo. En caso de precisarse asesoría legal u otra forma de ayuda experta, deben buscarse los servicios de un profesional competente.

Reservados todos los derechos de publicación en cualquier idioma.

Según lo dispuesto en el Código Penal vigente, ninguna parte de este libro puede ser reproducida, grabada en sistema de almacenamiento o transmitida en forma alguna ni por cualquier procedimiento, ya sea electrónico, mecánico, reprográfico, magnético o cualquier otro sin autorización previa y por escrito de RA-MA; su contenido está protegido por la ley vigente, que establece penas de prisión y/o multas a quienes, intencionadamente, reprodujeren o plagiaren, en todo o en parte, una obra literaria, artística o científica.

Editado por:
RA-MA Editorial
Madrid, España

Colección American Book Group - Informática y Computación - Volumen 24.
ISBN No. 978-168-165-841-4
Biblioteca del Congreso de los Estados Unidos de América: Número de control 2019935056
www.americanbookgroup.com/publishing.php

Maquetación: Antonio García Tomé
Diseño de portada: Antonio García Tomé
Arte: Pikisuperstar / Freepik

A la memoria de mi padre.
Aunque siempre se negara
a pertenecer al mundo digital,
sé que desde algún lugar
él también llegará a leer estas páginas.

ÍNDICE

AGRADECIMIENTOS 9

CAPÍTULO 1. INTRODUCCIÓN 11
    Caso 1. A mí nunca me va a pasar. Seguridad digital 11

CAPÍTULO 2. SEGURIDAD DIGITAL 15
   2.1 SOFTWARE 15
        Caso 2. ¡Preparad las defensas! Software de protección 15
        Caso 3. Siempre a la última. Actualización del software 18
        Caso 4. El cerrajero desconocido. Descargas en la red 20
        Caso 5. La llave que todo lo abre. Contraseñas seguras 22
        Caso 6. La llave en la cerradura. No recordar contraseñas automáticamente 26
        Caso 7. Alguien quiere copiar tus llaves. Introducción segura de contraseñas en la red 27
        Caso 8. La clave perdida. Copias de seguridad 32
   2.2 HARDWARE 34
        Caso 9. Con tus claves no. Cambio de valores por defecto de la wifi 34
        Caso 10. Los desconocidos no deben entrar. Usb, propagación de virus 36
        Caso 11. Información de huida. Cifrado de información 38
        Caso 12. La mirada indiscreta. Tapar la webcam 41
   2.3 INTERNET 43
        Caso 13. El entrevistador anónimo. Información sensible en la red 43
        Caso 14. El tablón de anuncios. Privacidad en redes sociales 47
        Caso 15. La sala donde todos nos escuchan. Redes públicas 50
        Caso 16. El turista confiado. Navegación privada 52
        Caso 17. El papel arrugado. Lo que subimos a la red permanece en ella 56
        Caso 18. El vendedor sospechoso. Compras seguras en internet 60
        Caso 19. Cierra cuando te vayas. Cierre de sesiones 63
        Caso 20. Fiesta privada con contraseña. Preguntas de recuperación de contraseñas 64

Caso 21. El callejón. Comprobar dónde nos dirigen los links 66
Caso 22. El trastero común. Almacenamiento seguro en la nube 70
Caso 23. La consulta pública. Videoconferencias seguras 72
Caso 24. El coche en marcha. Apágalo si no lo usas 75
Caso 25. La estampita. Delitos en la red 76
Caso 26. Hijo, haz lo que quieras. Protección de menores en la red 80
Caso 27. La publicidad en el buzón. Correos masivos (spam) 85
Caso 28. Te mando al timador. Salvaguardar las cuentas de correo 88
2.4 ENTORNOS MÓVILES 91
Caso 29. La segunda vivienda. Dispositivos móviles 91
Caso 30. La primera llave. Bloqueo de pantalla 93
Caso 31. Los ladrones me persiguen. Software de protección 96
Caso 32. La empresa falsa. Aplicaciones fraudulentas 98
Caso 33. El maletín. Seguridad de la información 101
Caso 34. El cartel en la farola. Códigos qr 104
Caso 35. Conversaciones no tan privadas. Mensajería instantánea 107
Caso 36. Puertas y ventanas abiertas. Conexiones inalámbricas 110
Caso 37. Las ventanas de mi autocaravana. Las cámaras del móvil 113
Caso 38. Las fotos con mi información. Metadatos en las fotos 115

CAPÍTULO 3. CONCLUSIONES 117
Caso 39. No saldré de mi casa. El sentido común 117
Caso 40. Me han atracado por la calle. ¿Y si soy víctima? 119

CAPÍTULO 4. ANEXOS 123
ANEXO I. DECÁLOGO DE BUENAS PRÁCTICAS DE SEGURIDAD
DIGITAL 123
ANEXO II. CREAR CONTRASEÑAS SEGURAS 124
ANEXO III. CONFIGURACIÓN SEGURA DE MI WIFI 129
ANEXO IV. CIFRADO DE ARCHIVOS CON AXCRYPT 137
ANEXO V. CONFIGURACIÓN DE PRIVACIDAD EN FACEBOOK Y
TWITTER 145
ANEXO VI. CONSULTA Y BORRADO DE LOS METADATOS DE LAS
FOTOS 158
ANEXO VII. GLOSARIO DE TÉRMINOS 166
ANEXO VIII. REFERENCIAS 171

ÍNDICE ALFABÉTICO 175

AGRADECIMIENTOS

Embarcarse en el proyecto de escribir un libro es un camino tan gratificante cuando se llega al final, como espinoso cuando se está recorriendo.

Infinidad de horas empleadas, mucho trabajo y esfuerzo puesto en cada línea, y multitud de problemas que, cada vez que tienen oportunidad, buscan el desaliento del escritor. Únicamente el apoyo y los ánimos de la gente a la que de verdad importas, hacen que todo merezca la pena, y permiten que la obra llegue a ver la luz.

Primera, y especialmente, gracias a Andrea. La primera en conocer el proyecto y en animarme a ello. Todo el tiempo invertido, tus consejos, tu aliento, y esa inquebrantable ilusión han sido los verdaderos artífices de que este sueño se convierta en realidad. Sin ti y sin tu sonrisa perpetua, nada habría sido posible.

Gracias a Irene y a Javier, por su lectura, sus correcciones, y sus opiniones. Habéis sido la gran prueba de fuego para conocer la verdadera utilidad del trabajo realizado.

Gracias a Feli, Corbe, Pablo, Julio, Michi, Rafa y David, por prestarse como conejillos de indias sin saber dónde se metían, sólo con la esperanza de poder ayudar a un amigo. Dad por hecho que lo conseguisteis.

Gracias a mi editor Julio Santoro, y a la editorial Ra-Ma, por ofrecerme esta oportunidad y apostar por la obra.

Y, finalmente, gracias a mi madre, simplemente por todo.

1
INTRODUCCIÓN

> **¿LO HARÍAS?**
> He salido a dar una vuelta con los amigos por el centro y al final se nos ha hecho de noche. Quería llegar a casa pronto, mañana tengo que madrugar, y al final es más tarde de lo que pensaba. No estoy lejos, así que voy a volver andando para ahorrarme el dinero del taxi, que nunca viene mal. Para llegar tengo dos caminos: puedo dar un rodeo e ir por las calles iluminadas o puedo cruzar el parque, que a estas horas está desierto y mal iluminado. He oído muchas historias sobre robos y violaciones que han sucedido en él a estas horas, pero me vendrá bien tardar poco en llegar para poder dormir un poco más, así que me voy a ir por el parque. No creo que a mí me vaya a pasar nada.

CASO 1.
A MÍ NUNCA ME VA A PASAR. SEGURIDAD DIGITAL

Cualquier persona que se preocupe por su propia seguridad no cruza ese parque. Damos el rodeo o incluso pagamos el taxi, nuestra vida está por encima de unos pocos minutos o unos míseros euros que podamos gastar. Tenemos muy claro que cualquiera puede ser objeto de un robo, una paliza, una violación o algo peor; conocemos a la perfección los peligros a los que nos enfrentamos en nuestra "vida real".

Estas medidas básicas de seguridad las hemos interiorizado y no nos cuesta nada llevarlas a cabo; en cambio, no estamos tan concienciados cuando se trata de la seguridad en nuestra "vida digital", entendiéndose como tal aquella que influye sobre nuestros equipos informáticos y nuestro tiempo en Internet.

En los últimos años hemos sufrido una auténtica revolución digital. Hoy en día, prácticamente todo el mundo tiene en su casa un ordenador que está conectado a la red, e incluso millones de personas llevan encima un *smartphone* o una tableta conectados a Internet las 24 horas del día, lo cual debería convertir la seguridad digital en un asunto crítico para la casi totalidad de la población.

Pero, por desgracia, los usuarios no suelen estar tan concienciados de esta importancia como deberían. En muchas ocasiones he oído la típica frase de: *"Yo no necesito protegerme tanto. Si yo no tengo nada que le pueda interesar a nadie"*. Seguro que tú mismo o tú misma la has pronunciado en alguna ocasión. Tenemos la sensación de que a los delincuentes de la red únicamente les van a interesar los documentos confidenciales de gobiernos o grandes empresas, pero nada más lejos de la realidad: el ordenador de cualquier, y recalco **CUALQUIER** persona, puede ser objeto de algún ataque.

Cuando hablamos de ciberdelincuentes no solo debemos pensar en el robo de secretos industriales o de estado; nos enfrentamos a una multitud de peligros que ni siquiera nos imaginamos (robo de datos personales, robo de datos bancarios, ciberacoso, espionaje o simplemente el uso remoto de tu máquina para cometer actividades delictivas), y en la mayoría de los casos, los usuarios se lo ponemos demasiado fácil a los "malos" para que puedan llevar a cabo sus planes.

Figura 1.1. Debemos concienciarnos de la importancia de nuestra seguridad digital

Todo aquel que use la red, ya sea para consultar el periódico, hacer transferencias bancarias o para actualizar sus redes sociales, debe tener un poco de celo con la información que maneja diariamente a través de Internet. La seguridad digital no solo compete a bichos raros que se encierran en sus habitaciones a trastear con sus ordenadores de última generación. La seguridad digital es un problema globalizado en la sociedad actual, o mejor dicho, debería serlo.

Ese es el fin que persigue esta obra. No va dirigida a usuarios avanzados en seguridad informática, sino que desde su inicio está planteada para que sea leída por el usuario de a pie, aquel que nunca ha pensado que a él le vaya a pasar nada por navegar por sus webs favoritas.

Tampoco pretendo crear expertos en ciberseguridad, ni mucho menos; con que aquel que al acabar de leer las páginas que tiene entre sus manos se dé cuenta de los peligros a los que se enfrenta (seguramente sin saberlo) en su día a día, y tenga unas herramientas básicas para defenderse de ellas, daré por bueno todo el trabajo y todas las horas invertidas en cada una de estas líneas.

Hemos de erradicar esa falsa sensación de seguridad que nos da estar delante de una pantalla encerrados en nuestra casa. Aunque pensemos que nada puede atacarnos, es muy probable que estemos mucho más expuestos a peligros de lo que lo estaríamos en la calle, por lo que cuando naveguemos por la red debemos ser tan precavidos, o más, de lo que lo somos normalmente en nuestra vida real.

Desgraciadamente, la seguridad informática plena no existe. Si alguien con los suficientes conocimientos va a por ti directamente, es muy probable que antes o después consiga su objetivo. Pero poniendo en práctica unas pocas medidas básicas de seguridad que voy a explicar a lo largo del libro, conseguiremos repeler el 99,9% de los ataques que podamos sufrir, ya que la mayoría de estos son ataques masivos lanzados a millones de usuarios a la vez y que buscan al rival más débil, a la gacela más lenta de la manada, para convertirla en su siguiente víctima. Si te proteges un poco, lo más normal es que busquen a alguien más incauto y se olviden de ti.

RECUERDA

Sé siempre igual de precavido en tu "vida digital" como lo serías en tu "vida real". Aunque pienses que tú no tienes nada que pueda interesar a los ciberdelincuentes, todo el mundo con un dispositivo conectado a Internet puede ser objetivo de criminales. Cambiando muy poco puedes protegerte ante la mayoría de ataques.

2

SEGURIDAD DIGITAL

2.1 SOFTWARE

> **¿LO HARÍAS?**
> ¡Qué contento estoy! Acabo de comprar mi nueva casa. He tenido que ahorrar durante años, pero por fin la tengo. Ahora ya solo me queda disfrutarla. He estado meditándolo durante mucho tiempo y finalmente he decidido que no voy a ponerle la puerta ni las ventanas. En esta zona la temperatura es buena durante todo el año y nadie encontraría dentro algo que le interesase. ¡Con el tiempo que perdería teniendo que abrir y cerrar cada vez que quiero entrar! Mejor así, desde luego.

CASO 2.
¡PREPARAD LAS DEFENSAS! SOFTWARE DE PROTECCIÓN

Nadie en su sano juicio deja su casa totalmente abierta a cualquiera, con todas sus pertenencias al alcance de la primera mano malintencionada que decida entrar en ella. Esto es algo que todos tenemos muy claro en nuestra vida real, pero que muchas veces obviamos en nuestra vida digital.

Protegemos nuestros hogares con un sistema de "capas de cebolla" que va aumentando en función del valor de lo que guardemos dentro y del nivel de seguridad que queramos obtener. Instalamos una puerta, añadimos una cerradura, la blindamos, ponemos un perro y un cartel que advierte al posible intruso sobre la fiereza del mismo, instalamos cámaras de seguridad, contratamos un vigilante, colocamos sensores de movimiento.

Todo nos parece poco para mantenernos a salvo, pero en el ordenador no instalamos un antivirus que, al final, lo único que hace es ralentizarnos el trabajo y nunca nos ha entrado ningún "bichito". Al igual que en nuestra vida real sabemos de qué y cómo debemos protegernos, es necesario que nos concienciemos de que la vida digital precisa de las mismas precauciones.

Figura 2.1. Los virus informáticos nos pueden crear muchos problemas

El mercado nos ofrece multitud de herramientas que nos van a ayudar a conseguir este objetivo y será nuestra responsabilidad saber cuáles elegir e instalar. Existen grandes compañías dedicadas al desarrollo de soluciones de seguridad informática en cuyas manos podemos ponernos con total seguridad, e incluso aplicaciones gratuitas que nos darán una protección bastante aceptable sin tener que hacer ningún desembolso.

Lo que sí es primordial tener en cuenta es no instalar nunca ningún *software* de seguridad pirateado en nuestros ordenadores, puesto que en la gran mayoría de los casos son programas que ya vienen con el "regalito" dentro, y que nos van a instalar algún tipo de *malware* (código malicioso) que evidentemente nunca va a detectar nuestro sistema de protección, ya que él mismo es el encargado de transmitirlo.

Para poder presumir de una protección lo más amplia posible deberíamos disponer en nuestro equipo de:

▼ **Antivirus**: programas que buscan prevenir, detectar y eliminar distintos tipos de *malware* que puedan llegar al sistema. Si no nos importa pagar, por menos de 50 euros al año podemos obtener antivirus de gran calidad desarrollados por McAffe, Panda, Norton, Kaspersky, Avira o AVG. En cuanto a herramientas gratuitas, son muy valoradas las de Avira, Avast o Panda.

▼ *Antispyware*: su finalidad es combatir los llamados programas espía, que se dedican a recopilar información de nuestro equipo y enviársela al atacante. También pueden realizar otras tareas que no son propiamente espías, como la muestra continua de *pop-up*, redirigir solicitudes de páginas o cambios en la configuración del sistema. Malwarebytes Anti-Malware o SUPERAntiSpyware, como *software* de pago, y Super Antispyware, Windows Defender o Spybot Search and Destroy, como *software* libre, están considerados algunos de los mejores *antispyware* del mercado.

▼ *Firewall*: *software* que controla las conexiones que salen y entran en mi equipo, evitando que alguien no autorizado entre en el sistema. ZoneAlarm y ComodoFirewall son los reyes indiscutibles en el mercado de los *firewalls*, tanto en sus versiones de pago como las gratuitas.

▼ *Antiadware*: se emplean para evitar la acción de los programas de publicidad computacional que generalmente basan su funcionamiento en la aparición de *pop-up*, cambio de páginas de inicio y los motores de búsquedas de los navegadores o la instalación en los mismos de barras de herramientas o de búsqueda. AdwCleaner y AT-Destroyer son dos buenas herramientas dedicadas a este fin, aunque la mayoría de las mencionadas en el apartado del *antispyware* también cumplen la misma función.

▼ *Antispam*: Herramientas utilizadas para prevenir el correo basura. SPAMfighter o Spamihilator se pueden encontrar de forma gratuita por Internet, aunque la mayoría de gestores de correo actuales ya incorporan sus propios sistemas internos de *antispam*.

No siempre es necesario instalar una herramienta distinta para cada una de estas protecciones, ya que en la actualidad las compañías de seguridad tienden a ofrecer paquetes que incluyen varias de ellas juntas como solución combinada.

Figura 2.2. Principales empresas de seguridad informática del mercado

Sean cuales sean las aplicaciones que finalmente instalemos es fundamental que nos encarguemos de mantenerlas continuamente actualizadas para que puedan hacer frente a las nuevas amenazas que se vayan descubriendo.

> **RECUERDA**
>
> Nunca olvides proteger tu equipo con software de confianza y mantenerlo actualizado. Esta es la primera barrera que nos protege de las amenazas externas y puede evitarnos muchos problemas.

CASO 3.
SIEMPRE A LA ÚLTIMA. ACTUALIZACIÓN DEL SOFTWARE

> **¿LO HARÍAS?**
>
> Según dicen en el telediario, esta última semana ha habido muchos casos de hogares desvalijados por una banda organizada. No rompían las ventanas ni entraban por la fuerza, por lo visto habían encontrado un fallo en las cerraduras, casualmente iguales que la que tengo instalada yo en mi puerta, y podían entrar sin ningún problema. La empresa que me colocó la puerta me dijo que si alguna vez pasaba esto les llamase, que me cambiaban la cerradura por una nueva con mayor seguridad, pero ponerme ahora a buscar el teléfono, quedar con ellos para un día determinado y tener que esperarlos, que seguro que llegan tarde... Mejor voy a dejarlo tal y como está, así me ahorro las molestias y seguro que con toda la gente que tiene este modelo de cerradura a mí no me toca.

Si a cualquiera de nosotros nos dicen que la cerradura de nuestra casa puede ser abierta por delincuentes, no dudamos ni un segundo en correr a la ferretería a comprar una nueva para evitar ser robados. Sin embargo, cuando el aviso nos llega desde nuestro ordenador no le prestamos la misma atención y, en muchas ocasiones, omitimos los mensajes que nos piden que actualicemos nuestro *software*.

Estas actualizaciones, que tantas molestias nos causan, no nos llegan por capricho de los desarrolladores. Los motivos por los que las lanzan a sus usuarios pueden ser varios (nuevas funcionalidades, mayor compatibilidad, etc.), pero uno de los más importantes es la corrección de fallos de seguridad detectados que son corregidos mediante estos "parches" (códigos que integran nuevas funciones o solucionan problemas existentes en programas ya instalados).

Toda empresa dedicada al desarrollo de herramientas *software* que se precie, debe disponer de un departamento de seguridad lo suficientemente importante como para poder analizar sus productos en busca de *bugs* (agujeros de seguridad por donde un atacante puede acceder a nuestro sistema), corregirlos tan rápido como sea posible y hacérselos llegar a sus clientes, para que no sean víctimas de ataques malintencionados.

Para cualquier usuario que desee sentirse seguro es imprescindible mantener actualizado todo su *software*, desde el sistema operativo o el antivirus, hasta los paquetes de ofimática o los lectores de ficheros PDF, a través de los cuales se producen muchos más ataques de los que podemos pensar al trabajar con archivos de texto aparentemente inofensivos. Nunca, bajo ningún concepto, debemos trabajar con versiones para las cuales el desarrollador haya dejado de dar soporte, ya que éstas no se actualizan y quedan totalmente expuestas a los fallos de seguridad que se encuentren desde ese momento, sin que nadie haga nada por solucionarlos.

La mayoría de los sistemas operativos y las aplicaciones actuales tienen implementada una opción que nos permite hacer las actualizaciones de los mismos de forma automática, de modo que el usuario puede olvidarse de esta tarea. Aun así, siempre es recomendable que tengamos un cierto control sobre el estado de actualización de nuestro *software*.

En cualquier caso, aunque ya seamos conscientes de la importancia que tienen las actualizaciones, no podemos bajar la guardia y aceptar cualquier cosa que nos proponga actualizar nuestro sistema. Los ciberdelincuentes también han tenido esto en cuenta y han encontrado aquí otra vía de infección de nuestros ordenadores, disfrazando como parches su propio malware para que nosotros mismo lo instalemos. Para estar seguros de que esto no nos va a suceder solo debemos instalar las actualizaciones que nos llegan a través de los canales oficiales del desarrollador y no fiarnos de lo que podamos encontrar en cualquier página de Internet, por muy bonito que sea lo que nos ofrecen.

RECUERDA

Mantén todo el software de tu equipo siempre actualizado. De esta manera estarás tapando los agujeros de seguridad que se vayan descubriendo y se lo pondrás más difícil a los intrusos que se quieran colar en tu sistema.

CASO 4.
EL CERRAJERO DESCONOCIDO. DESCARGAS EN LA RED

> **¿LO HARÍAS?**
>
> Acabo de volver a casa y me he dado cuenta de que no tengo las llaves. No sé si las habré perdido o me las he dejado dentro cuando me fui, pero no hay nadie en casa ni tengo otro juego fuera, así que no me va a quedar más remedio que llamar a un cerrajero de guardia, con la consiguiente factura que me va a cobrar. Pero tengo suerte: sé que hay gente que se ofrece a venir hasta mi casa para abrirme la puerta y cambiarme la cerradura sin cobrarme absolutamente nada. Me fiaré de ellos y me ahorraré ese dinero que me viene muy bien.

Si alguien se ofrece a hacernos ese trabajo desinteresadamente, lo primero que pensamos es que tiene algún objetivo oculto. Nadie trabaja gratis, y menos cuando por esa misma labor mucha gente cobra una cantidad importante de dinero. Tal vez, de primeras, me venga bien no pagar la cantidad que me pediría un cerrajero de guardia, pero es muy probable que a los pocos días llegue a mi casa y me la encuentre desvalijada. Lo que en un principio nos ha hecho ahorrarnos unos euros, a la larga nos ha salido mucho más caro.

De forma contraria a lo que nos pasa en la vida real, donde entendemos que cualquier trabajo tiene un precio para quien lo realiza, la proliferación en Internet de páginas de descarga ilegales nos ha creado la errónea idea de que en la red todo se puede encontrar de forma gratuita. Pero esta falsa creencia nos puede poner en grave peligro.

Los cibercriminales saben que muchos usuarios buscan desesperadamente hacerse con diferente material sin necesidad de pagar nada por él, y aquí han vuelto a encontrar una nueva fórmula de ataque, llenando las páginas y aplicaciones de descargas (ya sean de *software*, libros, juegos o material multimedia) de *malware* con el que infectar a todo aquel que descargue ese contenido.

Te descargas la última versión de tu *software* preferido de retoque de fotografías, pero antes que pagar por él en la página del desarrollador, entras en una red P2P para descargarlo gratis. Lo instalas y ejecutas el *crack* o el *keygen* que viene en la carpeta para que quite la restricción del periodo de prueba y listo, ya tienes el programa a tu merced. Tú te has fiado de quien ha subido ese *crack*, pero no sabes qué es lo que realmente has ejecutado en tu equipo; y de repente tu escritorio se ha llenado de iconos que no sabes de dónde han salido, tu navegador tiene unas barras de herramientas que no habías visto nunca, no hacen más que salir ventanas de publicidad según trabajas y, cuando quieres hacer una búsqueda en Internet, tu buscador habitual ha sido sustituido por un tal ASK del que nunca habías oído hablar.

Está claro, ya te han infectado. No sabes cómo ha pasado, puesto que no has hecho nada raro últimamente con el ordenador, pero la verdad es que tú mismo has sido el responsable de la infección.

Figura 2.3. Noticia de la Vanguardia digital sobre descargas piratas

Evidentemente no todas las descargas en Internet son peligrosas. Hay *software* libre, cuyo desarrollador lo cede gratuitamente a todo aquel que lo quiera utilizar, o *freeware*, que permite el uso del programa bajo unas determinadas condiciones. Pero en muchas ocasiones saber descargar de forma segura en Internet es una labor bastante complicada que requiere años de experiencia para poder hacerlo de forma correcta.

Aún con esto, nos podemos encontrar con la necesidad de realizar alguna descarga desde la red, situación ante la cual debemos seguir una serie de consejos para no correr riesgos innecesarios:

- Nunca realices descargas ilegales de ningún tipo de contenido.

- Si quieres utilizar algún programa de pago, busca alternativas de *software* libre antes que versiones "crackeadas". Te ofrecerán las mismas posibilidades sin riesgo de infección, y sin estar cometiendo un delito, por supuesto.

- Mantén tu antivirus actualizado.

- Descarga únicamente de los sitios web oficiales o de sitios de confianza. Pon atención, hay sitios que parecen los oficiales, pero que en realidad son meras copias de estos para estafarte.

- ▼ Fíjate en que la extensión del archivo que descargas concuerda con lo que tú estás buscando. Si descargas un archivo de texto no puede tener una extensión .exe.

- ▼ Ten especial cuidado con el contenido de archivos comprimidos (.rar o .zip). Es muy fácil esconder en ellos *malware* entre el resto de ficheros.

- ▼ Comprueba que el tamaño del archivo que vas a bajar es acorde con el tipo de fichero que supuestamente es. Si ves un texto de 1 GB o un archivo de vídeo de 500 KB, desconfía.

- ▼ Si descargas desde páginas web de enlaces o redes P2P, consulta los comentarios de otros usuarios sobre el enlace (nos pueden dar información de si el enlace es de fiar o no), quién ha subido el archivo (puedes buscar referencias en Internet) o las Fuentes de descarga, o lo que es lo mismo, la cantidad de gente que tiene ese material (normalmente es más fiable cuanta más gente lo tiene. Si descargas un malware nadie quiere dejarlo en su equipo).

RECUERDA
Sé precavido en las descargas que haces por internet. Acudir a las descargas ilegales para ahorrarte unos euros puede hacerte perder muchos más después y darte quebraderos de cabeza. Busca software libre que pueda cubrir tus necesidades sin poner en riesgo tu seguridad.

CASO 5.
LA LLAVE QUE TODO LO ABRE. CONTRASEÑAS SEGURAS

¿LO HARÍAS?
Estoy harto de tener que cargar en el bolsillo cada día con un montón de llaves distintas, me abulta demasiado. Además, he leído hace poco que han inventado unas nuevas llaves maestras que son totalmente planas, no tienen muescas, abren cualquier cosa y de las que tú mismo puedes hacerte tus propias copias por si las pierdes. No voy a perder ni un segundo más y voy a instalar una cerradura de este tipo en mi casa, en el coche, en el trabajo. Así solo me hará falta tener una llave y, al ser tan fácil de reproducir, si la pierdo me hago otra y listo.

Las cerraduras y las llaves se inventaron por algo. Nadie quiere que cualquiera pueda entrar en su casa cuando le apetezca y hacer lo que le venga en gana, así que en nuestras propiedades más valiosas instalamos puertas con cerraduras que únicamente pueden ser abiertas con la llave que solo nosotros tenemos.

Aunque me pesen un poco más en el bolsillo, prefiero llevar un juego de llaves para cada cosa. Si pierdo las llaves de mi coche, no quiero que puedan entrar en mi casa. Incluso nos sentimos más seguros cuanto más compleja es la forma de la llave, así será mucho más difícil reproducirla.

Si trasladamos este concepto a nuestra vida digital, nuestras propiedades más valiosas son las cuentas que utilizamos, en las que tenemos toda nuestra información, sus cerraduras son las credenciales de acceso y nuestra llave para abrirlas es la contraseña que utilicemos en cada caso. Para nuestra casa queremos una puerta blindada con una llave difícil de copiar, eso está claro, pero cuando se trata de la contraseña de nuestro correo electrónico parece que no tenemos tan clara esta preferencia.

La autenticación mediante nombre de usuario y *password* es, sin duda, la más extendida en la red. Cualquiera que use un ordenador conectado a Internet de forma habitual maneja muchas de estas credenciales al cabo del día, y por comodidad o por miedo al olvido, tendemos a usar los mismos datos para todo tipo de sesiones: correo electrónico, redes sociales, cuentas bancarias, páginas de compra *online*…

Este es el primer gran error que cometemos. Si un ciberdelincuente consigue romper nuestra contraseña del correo electrónico, automáticamente le hemos facilitado el trabajo para que pueda acceder a cualquier otra cuenta en la que nos autentiquemos con esos datos.

Hemos dado el primer paso hacia nuestra seguridad digital en cuanto a contraseñas se refiere. ¿Qué más podemos hacer? Después de conseguir que si nos roban un *password*, sea solo uno el que se lleven, nuestro segundo paso debe ser intentar que no nos roben ese tampoco, para lo cual nos vamos a asegurar de que nuestra contraseña sea lo suficientemente robusta como para que no nos la puedan romper fácilmente.

Para poder considerar una clave como robusta debe cumplir las siguientes características:

- ▼ Debe tener una longitud mínima de ocho caracteres. Cuanto mayor sea, más difícil será de romper.

- ▼ Estará formada por letras mayúsculas, minúsculas, números y caracteres especiales o signos.

▼ No será una palabra con sentido propio, ni una combinación de ellas. Existen programas que, mediante diccionarios, van probando las palabras de los lenguajes como posibles contraseñas hasta que encuentran la que es en realidad.

▼ No contendrá información personal (fechas, nombres). Poner la fecha del cumpleaños o el aniversario es un método muy extendido pero poco seguro, más teniendo en cuenta la cantidad de información personal que exponemos en las redes sociales al alcance de cualquiera.

▼ Serán distintas para cada página o aplicación.

▼ Las cambiaremos de forma periódica. Cada año puede ser bueno renovar todas nuestras claves.

Figura 2.4. Debemos ser conscientes de la importancia de la seguridad de nuestras contraseñas

Bien, ya sabemos cómo tienen que ser nuestras contraseñas, pero está claro que inventarnos y (sobre todo) recordar estos "chorros" de caracteres sin sentido no nos va a resultar una tarea trivial. Tranquilo, para todo hay solución.

Existen infinidad de páginas web donde podemos encontrar generadores de claves aleatorias según las características que nosotros le marquemos. Por ejemplo, en *http://www.clavesegura.org* se nos ofrece una potente herramienta donde podremos elegir la longitud (de 4 a 20 caracteres) y el tipo de caracteres que queramos incluir.

Esto nos va a ofrecer una gran seguridad en cuanto a la fortaleza de nuestras contraseñas, pero al no ser nuestras se nos pueden olvidar muy fácilmente. Tenemos también la opción de desarrollar las nuestras propias siguiendo los pasos que se explican en el "Anexo II - Crear contraseñas seguras", donde explico un método muy sencillo para obtener claves robustas y fáciles de recordar.

¿Y cómo hago yo ahora para recordar todo esto? Mi 04041994 me lo aprendía sin problema, pero no voy a ser capaz de aprender mi nueva J7*huo45_CXt6W, y como ésta, tengo otras diez o veinte. Ya está, las voy apuntando todas en un papel o en un documento de Word y cuando las necesite solo las tengo que consultar ahí. Error.

No estamos haciendo todo esto para ahora dejar las contraseñas al alcance de cualquiera que vea nuestro papel o que abra nuestro archivo. Para esta tarea recurrimos a los gestores de contraseñas.

Un gestor de contraseñas no es más que una aplicación que incorpora una base de datos donde vamos almacenando todas nuestras credenciales, y que para acceder a ella requiere de un nuevo *password*. LastPass o 1Password son ejemplos de este tipo de *software*, que con un interfaz y un manejo muy sencillo nos brindan este plus de seguridad que buscamos.

Mi consejo es instalar uno de estos programas, que son multiplataforma, y que podremos tener en nuestro ordenador y nuestro teléfono móvil, y para acceder a él crear una contraseña fuerte que seamos capaces de recordar fácilmente, como explico en el Anexo II. De esta forma podemos tener una clave distinta para cada sitio, robusta y que no olvidemos nunca.

Pero nada de esto será efectivo si aun habiendo tomado todas estas medidas le desvelamos nuestro password a alguien. Nosotros podemos estar preocupados por nuestra seguridad, pero no sabemos el uso que va a hacer de ella cualquier otra persona, así que el mayor requisito de seguridad que tenemos que seguir es no compartir nunca nuestras claves con nadie. Las contraseñas son una información personal y secreta, y así deben continuar siéndolo.

> **RECUERDA**
> Procura que tus contraseñas sean robustas y cámbialas de forma periódica. Nunca compartas con nadie tus contraseñas, no le des a cualquiera la llave de la puerta de tu intimidad digital.

CASO 6.
LA LLAVE EN LA CERRADURA. NO RECORDAR CONTRASEÑAS AUTOMÁTICAMENTE

> **¿LO HARÍAS?**
> Me he estado fijando últimamente en la cantidad de tiempo que pierdo todos los días al llegar a casa solo para abrir la puerta. Tengo que ponerme a buscar las llaves en la mochila, que casi siempre están al fondo del todo, sacarlas, meterlas en la cerradura y girar hasta que puedo entrar. Pero creo que he encontrado la solución; voy a dejar las llaves puestas todos los días, así cuando llegue ya no tengo que buscarlas y gano un poco de tiempo y comodidad.

Si en la puerta de mi casa pongo cerraduras es para mantenerme a salvo de intrusiones no deseadas. No tiene ningún sentido dejar las llaves puestas para que el primero que pase por delante las vea y, únicamente girando el bombín, entre en mi vivienda y pueda hacer dentro de ella lo que quiera; incluso podría cambiar la cerradura por una nueva impidiéndome entrar a mí en ella.

Como ya hemos visto en el caso anterior, la contraseña que nosotros empleamos en nuestras cuentas hace las veces de llave para acceder a su contenido. Si alguien sabe nuestro nombre de usuario y nuestro *password*, ya tiene la dirección y las llaves para entrar.

En nuestro día a día utilizamos una gran cantidad de páginas web y aplicaciones que se sirven de este sistema de autentificación para su uso, y en muchas de ellas, nos ofrecen la posibilidad de recordar en el equipo tanto el nombre de usuario como la contraseña, con vistas a nuestra comodidad al no tener que introducir los datos cada vez que deseemos entrar en ellas. Pero lo que en un principio nos puede parecer una ayuda, se puede convertir en una grave amenaza hacia nuestra seguridad digital.

Figura 2.5. No debemos almacenar nuestros datos de inicio de sesión en webs y aplicaciones

El hecho de recordar nuestras credenciales hace que cualquier persona que utilice después ese mismo dispositivo tenga acceso a nuestras sesiones con tan solo darle a Aceptar en la pantalla del *Login*. No tiene que conocer ni tan siquiera nada de nosotros, únicamente ver cuántos usuarios incautos han dejado sus datos guardados y campar a sus anchas por sus cuentas.

Nunca es seguro almacenar nuestros datos de sesión en los equipos, pero deberemos ser especialmente cautos cuando estemos trabajando en equipos públicos (a los que va a acceder una mayor cantidad de usuarios, muchos de los cuales no conocemos) y cuando las sesiones a las que puedan acceder les proporcionen información sensible (información personal, cuentas bancarias, tarjetas de crédito).

Para evitar este peligro, únicamente tendremos que desmarcar las casillas que nos aparecerán solicitando recordar usuario y contraseña o las de mantener la sesión iniciada, en caso de que estén activadas, en aquellas pantallas de inicio de sesión que nos proporcionen esta función.

RECUERDA

No actives la opción de recordar tu nombre de usuario y tu contraseña automáticamente en las páginas de inicio de sesión. Evita que cualquiera que use el mismo equipo pueda entrar en tus cuentas simplemente haciendo un clic.

CASO 7.
ALGUIEN QUIERE COPIAR TUS LLAVES. INTRODUCCIÓN SEGURA DE CONTRASEÑAS EN LA RED

¿LO HARÍAS?

He salido a tomar algo con unos amigos pero me acabo de dar cuenta de que no llevo dinero suelto, y recuerdo que en ese bar no cobran con tarjeta. Menos mal que hay un cajero de mi banco justo al lado donde puedo sacar algo de efectivo. Llego hasta él, meto la tarjeta de crédito en la ranura y la pantalla me pide el PIN. Mientras pulso las teclas, sin importarme si tengo a alguien detrás o no, voy gritando cada uno de los cuatro números. ¿Quién va a estar pendiente de estas cosas?

Al retirar dinero de un cajero, procuramos hacerlo en aquellos que están dentro de la sucursal, protegidos con una puerta con cierre, miramos varias veces hacia atrás para asegurarnos de que nadie observa los números que pulsamos, e incluso tapamos el teclado cuando lo vamos a hacer, por si han instalado una cámara encima de él para obtener el PIN de las tarjetas que clonan al introducirlas en la ranura.

Sabemos que existen bandas organizadas expertas en hacerse con los datos de nuestras tarjetas, y que pueden copiarlas para utilizarlas a su antojo gastándose todos nuestros ahorros antes de que nosotros mismos podamos darnos cuenta; así que es normal que tomemos todas estas precauciones para evitar sustos.

En cambio, cuando de lo que se trata es de introducir nuestras contraseñas a través de páginas de Internet, no somos conscientes de los peligros que nos acechan. Estar solos en nuestra habitación nos hace sentir una sensación de seguridad que nos lleva a no tomar las medidas de protección adecuadas para evitar ser espiados. ¿Quién va a ver mis contraseñas si estoy yo aquí solo?

En el Caso 2 de este libro ya comentamos la existencia de programas *spyware* que se encargaban de recabar información del sistema en el que estaban instalados para enviársela al atacante. Este tipo de *software* suele llevar incluido algún módulo *keylogger*, que no es más que un programa que detecta todo aquello que nosotros escribimos a través del teclado, lo guarda en un archivo de texto, y lo remite vía Internet a la dirección donde se le haya indicado o espera a ser consultado por el atacante vía remota.

¿Qué quiere decir esto?, muy sencillo. Nosotros entramos en nuestro correo electrónico y tecleamos tanto nuestra dirección como nuestra contraseña de acceso. El programa lo graba y el atacante ya tiene los datos para poder entrar en nuestro *mail* tantas veces como quiera y hacer dentro todo lo que se le antoje: borrar nuestros mensajes, enviar con nuestro nombre correos a nuestros contactos, envío masivo de correos fraudulentos, etc.

Esto puede ser bastante molesto y, probablemente, tengamos que terminar cambiando incluso nuestra propia cuenta de correo. Pero ahora supón que con los datos que se hace son las credenciales de acceso a tu cuenta bancaria a través de Internet. Ya puedes imaginarte las repercusiones que eso podría tener.

¿Y qué puedo hacer yo para protegerme? Lo primero que debemos tener es un buen *software* de protección que nos proteja ante el mayor número posible de estas amenazas (ya comentado en el Caso 2). Pero eso tampoco nos va a asegurar al 100% que no seamos víctimas de nuevos *keyloggers* no conocidos hasta ese momento.

La segunda medida es intentar evitar introducir nuestras contraseñas en ordenadores compartidos o a través de redes públicas, donde no sabemos quién más puede estar vigilándonos y el riesgo de ser espiados se multiplica de forma exponencial.

Si aun así es imprescindible que trabajemos en alguno de estos entornos y necesitamos iniciar sesión en alguna página o aplicación, nos queda una última bala en la recámara para poder protegernos.

La idea nos la dan las oficinas virtuales de algunos bancos, que nos ofrecen, a la hora de tener que introducir nuestra contraseña, un teclado virtual en pantalla sobre el que tenemos que pinchar para introducir los caracteres. De esta forma, al no haber pulsaciones sobre el teclado, éstas no quedan registradas de ninguna forma para ser enviadas o consultadas después.

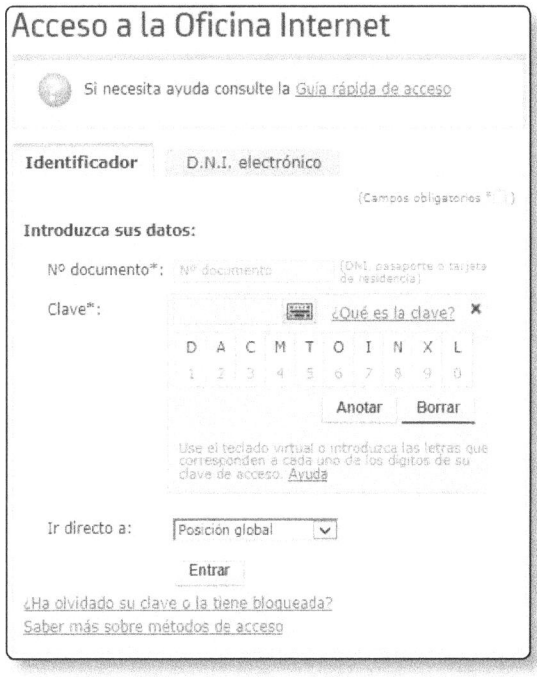

Figura 2.6. Teclado virtual de la página de Bankia sobre el que pinchar los dígitos de la clave

Este recurso solo nos lo ofrecen algunas páginas en las que, por motivos evidentes, se requiere un nivel de seguridad bastante elevado, pero si nosotros queremos extrapolarlo a cualquier otra página o aplicación solo tenemos que saber que el propio sistema operativo nos ofrece la opción de mostrar un teclado virtual en pantalla con el que poder trabajar.

En Windows solo tendremos que pinchar en el botón Inicio, escribir en el recuadro que nos aparece abajo a la izquierda osk.exe y pulsar Enter.

Figura 2.7. Comando osk.exe para mostrar el teclado virtual en Windows

Automáticamente esto nos mostrará en pantalla el teclado virtual del sistema operativo, sobre el que podremos trabajar con el ratón evitando la pulsación de teclas con información sensible y su posible registro.

Figura 2.8. Teclado virtual en pantalla de Windows

Los sistemas operativos de Apple también incorporan esta funcionalidad a través de la opción *Mostrar los visores de teclado* del menú *Teclado* en *Preferencias del sistema*.

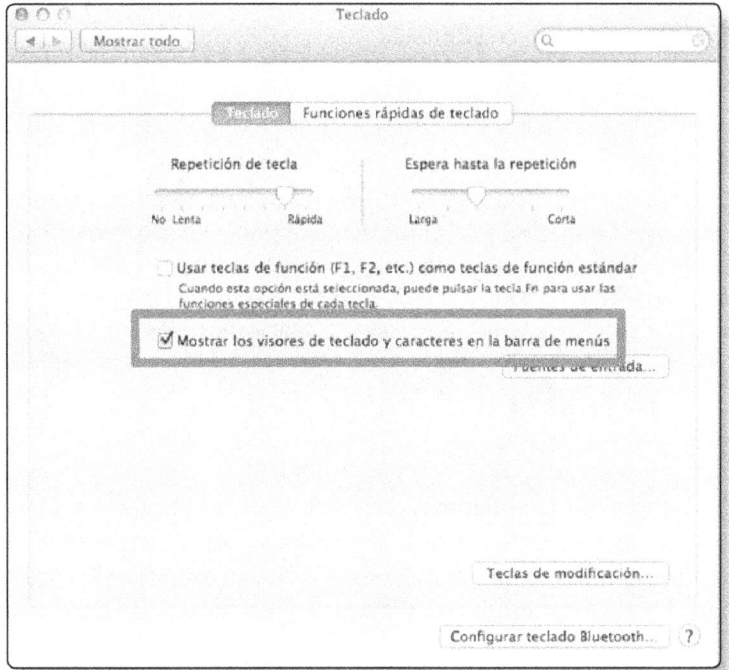

Figura 2.9. Menú para mostrar el teclado virtual en Apple

Después solo tendremos que pinchar en Mostrar Visor de Teclado en el icono que nos aparece en la barra de menús para que nos aparezca.

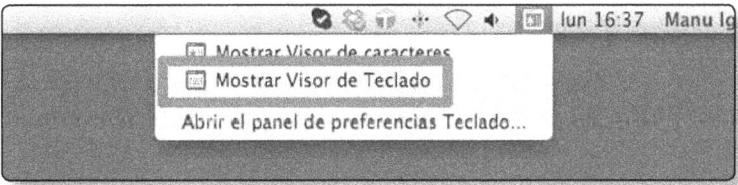

Figura 2.10. Icono de la barra de menús de Apple para mostrar el teclado virtual

RECUERDA

Toma todas las precauciones que puedas al introducir tus contraseñas, sobre todo si lo vas a hacer en ordenadores compartidos. Usar un teclado en pantalla puede ser una buena opción para evitar ser espiados.

CASO 8.
LA CLAVE PERDIDA. COPIAS DE SEGURIDAD

> **¿LO HARÍAS?**
> He instalado en mi casa un nuevo modelo de caja fuerte de última generación para tener a salvo mis posesiones más valiosas y todos mis documentos importantes. El instalador me ha dado un papel donde viene indicada la clave de apertura de la caja. Me ha recomendado que me la aprenda y que la tenga apuntada en varios sitios, ya que si la llego a olvidar será imposible volver a abrirla. De todos modos, he guardado el papel que me ha dado en la cartera, que siempre llevo encima, así que no creo que haga falta que gaste mis neuronas ni más papel si siempre la voy a tener a mano.

Ahora solo falta que salgamos de casa y nos roben la cartera. De repente nos encontramos con que tenemos en casa una preciosa caja fuerte, llena con nuestras joyas, dinero y documentos, que no vamos a ser capaces nunca de abrir. Lo hemos perdido todo sin posibilidad de recuperarlo por no haber guardado una copia de nuestra clave.

Del mismo modo que nos sucede en la vida real, en los entornos digitales diariamente manejamos una gran cantidad de información (mucha más de la que nos llegamos a dar cuenta), la cual, por uno u otro motivo, puede tener un gran valor para nosotros. Ya sea por tratarse de información sensible que si llegase a las manos equivocadas nos traería más de un dolor de cabeza, o simplemente por poseer un alto valor sentimental (fotografías, vídeos, documentos personales), su pérdida podría ser realmente traumática.

Si bien en la mayoría de los casos de este libro lo que se pretende es aprender a defendernos de ataques, éste es un poco especial, ya que se trata de una medida no tanto de protección como de minimización de daños si se da el caso de que ya nos haya pasado, independientemente de si un virus nos ha borrado nuestro disco duro o si hemos roto o perdido nuestro *pendrive*. Disponer de un sistema periódico de copias de seguridad nos va a permitir recuperar la mayor parte de nuestros archivos en cualquiera de estos supuestos.

Para poder hacer nuestras copias de seguridad disponemos de varias opciones en función de nuestros medios y necesidades. Las principales y más sencillas para el usuario de a pie podrían ser:

- ▼ Dispositivos de almacenamiento externo (pendrives, discos duros, DVD) donde simplemente copiamos los archivos o carpetas que queramos proteger. Es el sistema más básico y manual, por lo que se recomienda llevar un control sobre cuando se hizo la copia (se puede guardar todo en una carpeta cuyo nombre sea la fecha de copia).

▼ Herramientas *software*. Se instalan en el equipo donde están los archivos y se configuran (periodicidad, hora, carpetas que queremos guardar, dispositivo de almacenamiento) para automatizar las creación de las copias de seguridad. Algunas de las mejores herramientas de *back-up* que nos encontramos en el mercado pueden ser:

- Para Windows: Norton Ghost y Acronis True Image son dos herramientas muy profesionales, aunque de pago. Si queremos *software* gratuito podemos recurrir a CrashPlan, SyncBack o Uranium Backup que cubrirán las necesidades básicas de casi cualquier usuario.

- Para Mac: lo más fácil es usar Time Machine, ya integrado en el sistema operativo, aunque también podemos emplear SuperDuper o Carbon Copy Cloner.

▼ Dispositivos externos con software integrado. Combinación de las dos soluciones anteriores; el software va instalado sobre el propio disco de almacenamiento donde se guardará la copia.

▼ Copias de seguridad en la nube. La aparición de la nube en los últimos años, también nos proporciona la posibilidad de guardar nuestras copias de seguridad en ella a través de servicios gratuitos como DropBox, SkyDrive o GoogleDrive entre otros. Esto nos ofrece la seguridad de que nunca perderemos nuestros archivos, pero deberemos tener en cuenta los riesgos de este tipo de almacenamiento (ver Caso 22) y subir la menor cantidad de información sensible a la misma.

Muchas herramientas de *back-up* nos ofrecen la posibilidad de cifrar nuestras copias, de modo que si a éstas acceden usuarios no autorizados no puedan sacar ninguna información de las mismas. Si no disponemos de esa funcionalidad, podría ser interesante cifrar nuestro dispositivo de almacenamiento como medida de seguridad complementaria (ver Caso 11).

Ahora solo nos queda acordarnos de implantar nuestro propio sistema de copias de seguridad en todos nuestros equipos. Este proceso no solo lo debemos hacer en nuestros ordenadores, sino también en los smartphones y las tabletas, ya que almacenan muchos documentos importantes que deben ser respaldados.

> **RECUERDA**
> Realiza copias de seguridad de tus archivos de forma periódica para poder recuperar la información en caso de pérdida o avería de tus dispositivos.

2.2 HARDWARE

> **¿LO HARÍAS?**
> Ya tengo mi nueva alarma funcionando en casa. Hace unos diez minutos que se ha ido el técnico y me ha estado explicando cómo funciona el aparato y el código que tengo que meter para que no empiece a sonar cuando abro la puerta. También le he oído algo sobre que yo mismo podía cambiar este código y poner uno que solo yo conociese, pero este que me viene puesto me parece lo suficiente seguro como para no tener que hacerlo.

CASO 9.
CON TUS CLAVES NO. CAMBIO DE VALORES POR DEFECTO DE LA WIFI

Bien, nos decidimos a dejar el mismo código que viene por defecto en la alarma, pero, ¿quién nos asegura que el técnico, que es quien nos lo ha dicho, no revele esa información a terceros?, o ¿podría ser que el fabricante de la alarma pusiera en todos sus equipos la misma clave, o una lista reducida de las posibles que hay, y probando únicamente esas opciones un atacante se pudiera saltar nuestro sistema de seguridad muy rápidamente?

Tal vez en el mercado de las alarmas para hogares no sucedan estas cosas, porque como venimos viendo desde el comienzo de este libro, sí existe una importante concienciación sobre los peligros a los que estamos expuestos en nuestra vida real, pero en el mundo virtual sí que nos encontramos con este tipo de situaciones.

Cuando contratamos una conexión a Internet con cualquier compañía de teléfono, uno de sus técnicos viene hasta nuestro domicilio para hacer la instalación de la misma. La gran mayoría de los usuarios esperan a que el *router* esté instalado, conectan sus dispositivos con la clave que viene por defecto y se olvidan del aparato para siempre jamás, lo cual es un grave error teniendo en cuenta que esa cajita es nuestra puerta de salida hacia la red y, más preocupante para el usuario, puede ser la puerta de entrada desde la red hacia nuestros equipos.

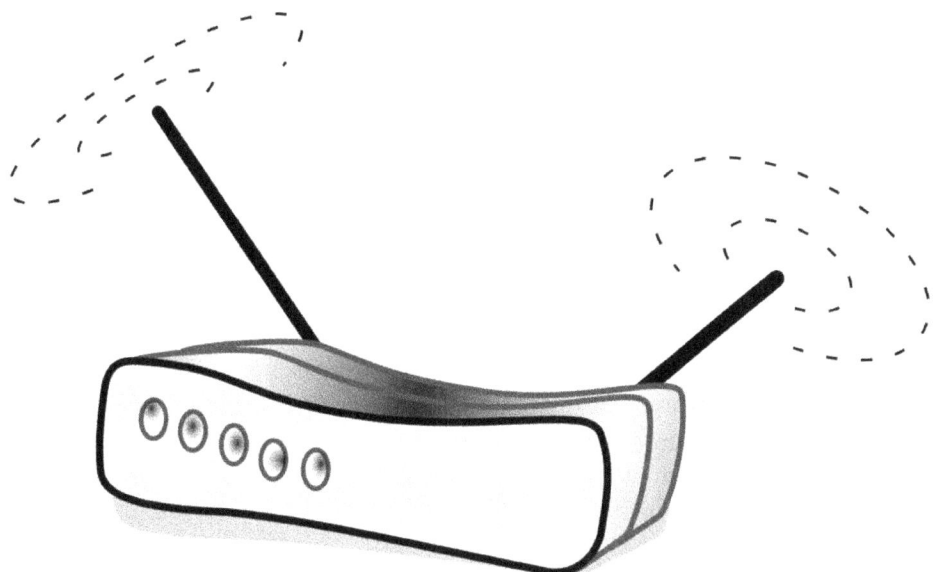

Figura 2.11. La configuración "de fábrica" que incorporan los routers no son tan seguras como podemos creer

Dejar la configuración de nuestro *router* con los valores por defecto puede dar muchas facilidades a cualquier intruso que pretenda acceder a nuestro ordenador, así que una vez que el técnico se marche, vamos a cambiar todos estos valores para tener el mayor grado de control posible sobre nuestra wifi.

Para realizar este proceso puede consultar el "Anexo III – Configuración segura de mi wifi", que se encuentra al final de esta obra, y donde se detalla paso a paso todo lo que se debe ir haciendo para aumentar el nivel de seguridad de nuestra red doméstica.

RECUERDA

Cuando instales en tu hogar un nuevo router para acceder a internet, cambia los datos que vienen por defecto para aumentar el nivel de seguridad y evitar que cualquiera pueda conectarse a través de él.

CASO 10.
LOS DESCONOCIDOS NO DEBEN ENTRAR. USB, PROPAGACIÓN DE VIRUS

> **¿LO HARÍAS?**
> Esta tarde al llegar a casa del trabajo me ha pasado una cosa muy curiosa. En la puerta de mi casa había un tipo que nunca había visto, ni sé de dónde ha salido, pero cuando he pasado a su lado le he dicho que si quería subir a mi casa. Dejaré que esté por aquí mientras yo hago la cena y baño al niño, y después quizás me venga bien para hacer alguna tarea doméstica.

¿Pero quién va a tener la poca cabeza de meter en su casa a un total desconocido que tenga acceso a todo sin ninguna barrera de por medio? Es de locos. Está en mi casa y yo mismo le he abierto la puerta sin preocuparme tan siquiera de quién es y cuáles son sus intenciones. Ahora mismo puede ver a mi familia, mis facturas, escuchar mis conversaciones, incluso puede robarme y marcharse cuando quiera, simplemente abriendo la puerta y saliendo de nuevo a la calle.

Estarás pensando que tú no harías eso bajo ningún concepto, no abrirías tu puerta a cualquiera así, por las buenas, sin conocerlo, así que tu intimidad está a salvo en tu casa; pero ¿cuántas veces ha llegado a tus manos un pendrive y lo has conectado sin más miramientos a tu equipo para copiar algún archivo que te interesase? Muchas, ¿verdad? Pues sin saberlo, le puedes estar abriendo tú mismo las puertas de tu "intimidad digital" a los malos.

Figura 2.12. Los dispositivos USB son una de las principales fuentes de transmisión de malware en la actualidad

Desde hace unos cuantos años el uso de los dispositivos de almacenamiento externo por USB se ha extendido de forma imparable debido a su gran capacidad y pequeño tamaño, lo que hace, tanto a *pendrives* como a discos duros, un aliado imprescindible para la mayoría de usuarios en lo que al intercambio de archivos se refiere.

Precisamente estas características de tamaño y movilidad hacen que aparezcan nuevos riesgos sobre ellos. Desde el robo o el extravío de los mismos, para lo cual nos protegemos mediante las copias de seguridad (ver Caso 8) o el *software* de encriptación (ver Caso 11), hasta la gran proliferación de *malware* que existe, cuya infección se realiza a través de estos dispositivos.

Existe una gran variedad de *software* malicioso que se instala en estas memorias externas y que infecta automáticamente a todos aquellos equipos en los que se conecten, repitiendo el proceso en sentido contrario, contagiando a todos aquellos USB que se "pinchen" en el ordenador. Podemos encontrarnos desde virus que afectan al contenido de nuestros discos hasta *software* espía que le proporciona nuestros datos al atacante.

Para evitarnos malas experiencias en este sentido, debemos ser siempre precavidos en cuanto a los lápices de memoria que utilicemos. Para ello podemos seguir una serie de consejos:

- ▼ Nunca deberíamos conectar "pinchos" que nos hayamos encontrado tirados en la calle, incluso debemos tomar ciertas precauciones con los que regalan algunas empresas como publicidad, ya que se han detectado casos en los que las propias empresas querían espiar a sus posibles clientes a través de algún *spyware* mediante de *software* instalado de forma oculta en ellos.

- ▼ Cuando compremos un nuevo dispositivo, hacerlo de una marca de confianza. Aunque nos gastemos un poco más, siempre nos van a dar una mayor seguridad de no venir "infectados de fábrica".

- ▼ Si podemos, tendremos diferentes memorias para cada ámbito en el que las utilicemos, es decir, una para el trabajo, otra para documentos personales, otra para la música que conectas en el equipo de música del coche

- ▼ Procura no almacenar archivos ejecutables o *software* cuyo desarrollador sea desconocido o de dudosa reputación.

- ▼ Si no estás utilizando el USB, desconéctalo, sobre todo si vas a trabajar con sesiones o datos personales. Si está infectado, puede recabar toda esa información para enviársela a tu atacante.

De todos modos, nos va a ser muy complicado no conectar nunca ningún *pendrive* o ningún disco duro externo en nuestro equipo, por lo que, llegado el momento de tener que hacerlo, deberemos seguir dos reglas básicas se seguridad.

En primer lugar, nos tenemos que cerciorar, en la medida de lo posible, de que está limpio. Esto lo podemos hacer a través de un antivirus antes de abrir cualquier archivo que contenga, y si lo hacemos en un ordenador aislado (no conectado a Internet), tendremos aún menos riesgos. Esto también lo tendremos que tener en cuenta cuando hayamos conectado uno de nuestros dispositivos en un ordenador que no sea de nuestra confianza y lo vayamos a volver a usar en nuestro equipo, ya que, recordemos, el proceso de infección se realiza en ambos sentidos.

Lo segundo que debemos hacer es desactivar la autoejecución de los dispositivos USB, con lo que evitaremos que los instaladores preparados para trabajar con solo conectar la memoria no puedan hacer su trabajo. Si bien esta operación se puede llevar a cabo mediante el registro de Windows, para usuarios menos avanzados puede ser de gran ayuda la herramienta "USB Flash Drives Control", la cual nos permitirá desactivar esta autoejecución, así como controlar otros parámetros de las unidades USB que tengamos conectadas a nuestro ordenador de una forma mucho más sencilla.

RECUERDA

No te fíes de cualquier dispositivo de almacenamiento por USB que llegue a tus manos, es posible que esté infectado con algún malware que se instale en tus equipos. Compruébalos mediante un antivirus y desactiva la autoejecución en ellos para evitar riesgos innecesarios.

CASO 11.
INFORMACIÓN DE HUIDA. CIFRADO DE INFORMACIÓN

¿LO HARÍAS?

Estoy secuestrado junto a mi gran amigo de la infancia. Llevamos dos días metidos en este cuarto mugriento, siempre vigilados por un guardián que no se separa de nosotros ni a sol ni a sombra. Empezamos a temer por nuestras vidas, pero hace un par de horas he descubierto una forma para poder escapar, el único problema es que necesito la ayuda de mi amigo y tengo que contarle todo mi plan. Voy a hacerlo, confío en que nuestro secuestrador no oiga también la conversación.

Pero el cuarto es pequeño y, como era de esperar, nuestro enemigo también tiene acceso a esa información. ¿Resultado?, adiós a la fuga. Ojalá hubiésemos tenido un lenguaje secreto que solo conociésemos nosotros para haber podido trazar nuestro plan sin ser interceptados. Este es precisamente el objetivo que perseguimos con el cifrado (o encriptación) de la información, hacerla ininteligible para alguien que acceda a ella y no tenga permiso para ello.

El desarrollo de los métodos de cifrado surge junto con la necesidad de mantener en secreto la información, pero no pensemos que es un concepto nuevo ni mucho menos. En tiempos del Imperio romano, Julio César puso ya en práctica el algoritmo que lleva su nombre (método César) que consistía en sustituir cada letra de un texto por la que estaba desplazada un número determinado de posiciones en el alfabeto. Evidentemente, con el paso del tiempo y el desarrollo de las nuevas tecnologías, los algoritmos de cifrado han aumentado en complejidad hasta el extremo, haciéndolos mucho más difíciles de romper.

Figura 2.13. El cifrado nos permite mantener en secreto la información aunque caiga en malas manos

Cualquier método de cifrado va a emplear un algoritmo y una clave, que serán más o menos complejos en función de la seguridad que queramos obtener. Esta clave será la empleada también para el proceso de descifrar los archivos y poder acceder de nuevo a la información original, por lo que una vez más, la eficacia en el proceso va a recaer sobre la contraseña que vayamos a emplear (ver Caso 5).

Esta es una medida de seguridad muy práctica en caso de pérdida de nuestros dispositivos de almacenamiento, ya que cualquiera puede abrir nuestro disco duro y acceder a información sensible. Si anteriormente nos hemos preocupado de encriptar el contenido del mismo, la persona que intente acceder a lo que hemos guardado solo podrá ver un sinfín de caracteres sin ningún sentido que no le servirán para nada.

Si nos decidimos a encriptar nuestros dispositivos, disponemos de gran cantidad de *software* que nos va a permitir hacerlo:

- ▼ Windows: el *software* por excelencia hasta hace poco era TrueCrypt, pero un inquietante mensaje en su web sobre fallos de seguridad ha hecho desconfiar mucho a los usuarios, por lo que recomendamos buscar otras alternativas como GNUPG, Axcrypt o soluciones de McAfee o Symantec más profesionales, pero de pago. Las versiones más avanzadas de los últimos sistemas operativos de Microsoft incorporan Bitlocker, que también nos permite llevar a cabo el cifrado de nuestra información.

- ▼ Mac OS: en las preferencias del sistema disponemos de FileVault de modo integrado. También podemos recurrir a iSafe, Scrambler o Espionage que, aunque de pago, son muy económicos.

Otra opción que puede resultarnos interesante es la que nos ofrecen algunos programas de compresión de archivos (WinZip, WinRar o 7-Zip), muy extendidos entre los usuarios y que también nos ofrecen la opción de cifrar los archivos.

Incluso podemos encontrar en el mercado discos duros externos que ya integran su propio *software* de encriptación, y vienen provistos de un teclado a través del cual introducimos la clave para poder tener acceso a su contenido.

Una vez elegido el programa, nos enfrentamos al segundo dilema: ¿queremos cifrar todo el disco duro, o solo aquellos archivos y carpetas que nos interesen? La decisión a tomar va a depender de las necesidades de seguridad que tengamos, así como de la potencia de nuestros equipos.

Un cifrado completo del disco nos va a proporcionar una mayor seguridad y comodidad a la hora de trabajar con los ficheros cifrados, pero puede hacer que nuestro ordenador trabaje de un modo bastante más lento; por contra, el cifrado selectivo no nos va a penalizar tanto el rendimiento de la máquina, pero el trabajo con estos archivos puede ser un poco más engorroso. Debemos llegar a una solución de compromiso que nos aporte la seguridad que necesitamos sin entorpecer demasiado nuestra labor.

Por último no debemos olvidarnos una vez más de nuestros dispositivos móviles, a los que también debemos proteger mediante la encriptación de sus datos, pero esto lo veremos con mayor detalle más adelante (ver Caso 33).

RECUERDA
Cifra tu información sensible para que, en caso de pérdida o robo de la misma, nadie sin autorización pueda acceder a su contenido real.

CASO 12.
LA MIRADA INDISCRETA. TAPAR LA WEBCAM

> **¿LO HARÍAS?**
> Acabo de salir de la ducha y solo me queda media hora para salir de casa. Si no quiero llegar tarde a la cita, será mejor que me dé toda la prisa que pueda. Me peino, me echo crema por el cuerpo, me perfumo… Bien, ya solo me queda vestirme y salgo corriendo. La ropa la tengo en la habitación y, al entrar en ella, me doy cuenta de que no he bajado las persianas ni he corrido las cortinas. Da lo mismo, no hace falta que me vista para andar por mi cuarto, no voy a perder tiempo en esos detalles; en el edificio de enfrente no se ve a nadie asomado a la ventana intentando verme o haciéndome fotos, no hay de qué preocuparse.

Cualquier persona que se preocupe mínimamente por su intimidad, nunca se pasearía desnuda delante de sus ventanas por temor a que el vecino de enfrente pueda observarla, ya sea premeditadamente o de forma casual. A nadie le gustaría saber que, cada vez que está tranquilamente en su habitación, puede haber alguien que le esté haciendo fotos o grabándole sin su consentimiento en sus momentos más íntimos.

Conocemos este riesgo y le ponemos solución, las persianas y las cortinas nos mantienen a salvo de las miradas indiscretas, pero no somos conscientes del peligro que supone la visión a través de nuestra "ventana a la red".

Figura 2.14. Nunca sabes quién te puede estar vigilando

Desde hace ya unos cuantos años, el uso de cámaras web en los ordenadores personales ha experimentado un gran auge, hasta tal punto que ya es un elemento fundamental integrado en todos los portátiles. Su gran disponibilidad, añadida a la expansión de conexiones a la red, las convierte en una potente herramienta de comunicación con personas que están a muchos kilómetros de distancia mediante las videoconferencias.

Nos colocamos delante de la pantalla, presionamos el botón de llamada, esperamos unos instantes y en pocos segundos tenemos delante de nuestros ojos a ese hijo, hermano, novio o amigo al que hace tanto tiempo que no tenemos cerca, pero con el que podemos mantener el contacto fácilmente. Pero, ¿está solo él viéndonos a través de la cámara o hay alguien más ahí detrás?

En realidad es muy difícil saber a ciencia cierta quién está al otro lado de la cámara, aun cuando tenemos el ordenador encendido y no lo estamos utilizando; ni siquiera nosotros mismos somos conscientes de cuántos ojos pueden estar detrás en esos momentos. Esto es debido al *creepware*, un *software* que accede a los equipos de forma remota y toma el control sobre algunos de sus componentes, entre ellos la *webcam*.

De esta forma, los ciberdelincuentes obtienen imágenes, en muchos casos íntimas, de sus víctimas, que posteriormente utilizarán para extorsionarlas mediante el chantaje, o simplemente para vender el material audiovisual en el mercado negro al mejor postor.

Incluso hay un punto más que debemos tener en cuenta y con el que ser precavidos. Hoy en día, muchos portátiles que incorporan ya las cámaras web las acompañan de una pequeña luz LED que se enciende, supuestamente, cuando dicha cámara está en funcionamiento. Esto podría llevarnos a confiarnos si no vemos esa lucecita encendida en un momento determinado, pero lamentablemente esta medida de seguridad tampoco es plenamente fiable, ya que está demostrado que muchos de los programas de *creepware*, de los que estamos hablando, son capaces de mantener inactiva esta señal luminosa aunque se esté utilizando la cámara de forma remota.

Es muy importante estar preparados para evitar recibir estos ataques mediante el uso del software de protección adecuado, como ya se ha explicado en otros puntos de este libro. Pero si de verdad queremos estar seguros de que nadie está espiándonos, la solución más eficaz es desconectar la cámara si se trata de un ordenador con una webcam por USB, o simplemente, tapar el objetivo de la misma con un trozo de cinta aislante negra para el caso de los dispositivos integrados en equipos portátiles.

> **RECUERDA**
> Si tienes una cámara web instalada en tu ordenador desconéctala cuando no la estés utilizando, y si es una fija (como en los portátiles) tápala con un trozo de cinta aislante. Nunca tienes la certeza de que no haya nadie al otro lado observando lo que haces.

2.3 INTERNET

CASO 13.
EL ENTREVISTADOR ANÓNIMO. INFORMACIÓN SENSIBLE EN LA RED

> **¿LO HARÍAS?**
> Esta mañana iba por la calle paseando tan tranquilo cuando de repente un desconocido se ha parado justo delante de mí. Por lo visto estaba buscando gente que participara en el sorteo de un viaje. Lo único que tenía que hacer era darle todos mis datos: nombre, dirección, teléfono, email, número de tarjeta de crédito, si estoy casado, mi religión, nombre de mis hijos... No se ha identificado como comercial de ninguna empresa, pero no iba a desperdiciar una oportunidad como esta de poder irme de viaje gratis, así que le he dado todos los datos que me ha pedido. A ver si tengo suerte y dentro de un tiempo estoy en la playa disfrutando del sol.

Si un completo desconocido sale de la nada y empieza a pedirte todos tus datos personales por la calle, no se los das. Da igual que te prometa un premio, un viaje o la paz mundial. Algo te huele raro, sobre todo cuando empieza a preguntarte sobre datos que, para lo que te está contando, no le interesan para nada. Es muy posible que intente conseguir toda esa información para otros asuntos que a ti no te van a hacer demasiada gracia.

Hoy en día, con el uso masivo de ordenadores y dispositivos móviles conectados a Internet, manejamos una gran cantidad de información, tanta que a veces ni nos damos cuenta, y no somos conscientes de todo lo que estamos compartiendo con el resto del mundo. Tendemos a creer que todos esos datos son irrelevantes, que no importa quién tenga acceso a los mismos porque no van a ser de interés para nadie, pero nos equivocamos. Hay mucha de esa información que es objetivo de los ciberdelincuentes y harán todo lo posible por conseguirla. Hablamos de la **información sensible**.

¿Qué entendemos por información sensible? Es toda aquella información cuya alteración, pérdida, robo o destrucción pueda causarnos un daño grave. Este término parece reservado a los grandes secretos de estado y al espionaje industrial, pero no es así. Información sensible tenemos absolutamente todos los usuarios de la red y, normalmente, no somos conscientes de ello.

¿Qué mal puede hacerme dar mi dirección de correo electrónico en una página de Internet donde me la piden, o mi número de teléfono móvil para validar mi respuesta en una encuesta en la que quiero participar?

Pensamos que datos de este tipo no tienen valor, no estoy metiendo mi número de tarjeta de crédito, así que no me va pasar nada. El problema viene cuando, por meter la dirección de correo, el atacante ya sabe que esa es una dirección válida que se utiliza normalmente y puede dirigir otros ataques a ella para hacerse con más información, o cuando nos suscriben a un servicio de mensajes de pago porque al meter nuestro número de móvil no leímos en la letra pequeña que ese era su fin.

Debemos ser muy precavidos a la hora de compartir nuestros datos personales en la red. Si en alguna ocasión nos los piden, lo primero que debemos preguntarnos es: ¿realmente son necesarios estos datos para lo que voy a hacer? Si la respuesta a esa pregunta es no, desconfía de sus intenciones.

Una buena medida de precaución para evitar este tipo de peligros es disponer de dos cuentas de correo electrónico (o más, según las necesidades), y destinar una de ellas para los asuntos importantes y serios, y dar la dirección de la segunda cuando tengamos que hacerlo en páginas de poca confianza. Con esto por lo menos evitaremos que, si nos roban la contraseña, accedan a los datos más críticos, que tendremos en la otra a buen recaudo.

Otro detalle en el que podemos fijarnos cuando debamos enviar nuestros datos a través de la red es si la web con la que estamos trabajando implementa el protocolo seguro de transferencia de datos. Para saber si estamos bajo el protocolo o no, debemos fijarnos en la barra de direcciones del navegador, donde en lugar del habitual http:// con el que suelen empezar las direcciones de las páginas, nos aparecerá https://, además de mostrarnos en algún punto de la ventana un candado que nos informa de que el protocolo está activo.

Figura 2.15. Indicadores de que estamos en una página con protocolo seguro de transferencia de datos

Este protocolo suele estar en páginas de banca y de compra-venta *online*, aunque cada vez se incorpora en más sitios web. Al trabajar de este modo, podemos estar más seguros sobre el envío de nuestros datos personales, ya que estos van a ir cifrados a través de Internet hasta llegar a su destino, impidiendo que un captador de tráfico de red tenga acceso a ellos.

Pero no solo debemos prestar atención a la información que nos piden en determinadas webs, sino también a la que subimos nosotros por nuestra propia iniciativa, y que puede ser tan valiosa o más que la anterior. En ocasiones se lo ponemos muy fácil a los ciberdelincuentes y le proporcionamos, normalmente sin saberlo, muchos datos que son de su interés.

Estamos muy acostumbrados a compartir nuestra vida en la red. El auge de las redes sociales parece que nos obliga a que todos nuestros contactos sepan en cada momento lo que hacemos y donde estamos; si no está en Internet es como si no lo hubieras hecho.

Subimos información cada día a la nube, pero en pocos casos pensamos quién puede acceder a ella. Nuestra intención está clara, queremos que nuestros amigos vean que estamos en la playa tomando el sol, así que foto con el mar de fondo que colgamos en Facebook. Y hasta ahí nos preocupamos, aunque probablemente no tengamos la cuenta configurada con la privacidad que deberíamos (lo estudiaremos más en profundidad en el siguiente caso), y cualquiera pueda verlo.

En este punto nos vuelve a surgir la misma idea de siempre (¡a ver si al final del libro he conseguido que se te vaya de la cabeza y nunca más pienses así!): ¿a quién le van a interesar mis fotos en la playa?, aquel que las quiera ver, ahí las tiene.

Y efectivamente, aquel que las quiera ver las encuentra en tu perfil sin demasiados problemas, aunque no sea quien tú pensabas que iba a acceder a ellas. Tus amigos ven tu información, hasta ahí vamos bien, pero haces una entrevista de trabajo y su departamento de recursos humanos entra en los perfiles de tus redes sociales y puede ver aquellas fotos, digamos, no tan dignas, que subiste estando de fiesta, y ya te has quedado sin empleo porque a la empresa no le gustan, o peor, alguien puede descargar tus fotos en bikini de las vacaciones en Benidorm y venderlas a páginas web eróticas en el mercado negro.

Como llevo diciendo a lo largo de todo el caso, y no me cansaré de repetirlo hasta que quede bien grabado en tu mente, **CUALQUIERA** puede tener acceso a aquella información que colgamos en Internet, y no sabemos qué propósitos le llevan a ella, así que lo mejor es ser precavido con aquello que subimos a la red.

Incluso debemos tener cuidado con otro tipo de información que damos y que no es aquella que está en las redes sociales. Mucha gente acostumbra a escribir en su firma del correo electrónico frases como: *"Ausente de la oficina. Si me escribe le contestaré a partir del 16 de agosto"*, para que si alguien le manda un *mail*, el servidor genere una respuesta automática con ese texto. Si el correo lo ha mandado un cliente no hay problema, ya sabe que en unos días obtendrá tu respuesta, pero ¿y si el correo que te mandan proviene de una cadena para captar las cuentas de correo activas? En realidad le estoy diciendo a aquel que quiere aprovecharse de mí que estoy de vacaciones y que no volveré hasta esa fecha. Si es alguien que conoce mi dirección o puede obtenerla de alguna forma (una vez más las redes sociales pueden jugarnos aquí una mala pasada), ya sabe que tiene una casa vacía durante esas fechas.

Hace años, el gobierno impulsó una campaña de concienciación para que la población tomara medidas de seguridad en sus casas para no ser robados durante las vacaciones, y ahora un familiar o un amigo van a recoger el correo de forma periódica y a subir y bajar nuestras persianas como algo natural. Tomemos conciencia del riesgo digital al que estamos también expuestos y adoptemos las precauciones oportunas en la firma del correo electrónico, tu estado del Whatsapp, tu ubicación en Twitter o cualquier otro sitio donde podamos informar de nuestra situación personal en cada momento.

Como ves, cualquier cosa que publiques en la red puede dar facilidades a los atacantes para conseguir sus objetivos, así que vamos a intentar ponérselo lo más difícil posible y ser extremadamente cuidadosos con nuestra información personal.

RECUERDA

Extrema las precauciones cuando tengas que compartir información sensible en Internet, especialmente en aquellos sitios donde cualquiera pueda verla. No des tus datos a la ligera; cualquier cosa, por insignificante que parezca, puede tener mucho más valor del que crees para los cibercriminales.

CASO 14.
EL TABLÓN DE ANUNCIOS. PRIVACIDAD EN REDES SOCIALES

> **¿LO HARÍAS?**
> Acabo de volver de mis vacaciones por el Caribe. Llevaba años esperando un viaje así, y para recordar cada detalle he hecho docenas de fotos que ahora quiero que vean mis compañeros de trabajo. El problema es que como son tantos no puedo juntarlos a todos de una vez, y si vienen uno por uno me va a llevar meses. Pero he encontrado la solución, en la entrada del edificio hay un tablón de anuncios, voy a imprimir las fotos que más me gusten y las voy a poner ahí; así cuando entren a trabajar mis compañeros podrán verlas sin problemas.

Genial, tus compañeros de trabajo tienen ahora acceso a todas tus fotos del viaje, pero ¿no lo tiene también cualquier persona que entre en el edificio? Con lo que has aprendido ya sobre la información sensible, a lo mejor no te hace tanta gracia que un desconocido pueda ver tus recuerdos, así que bajas corriendo para quitarlas del tablón.

Vale, ya está, ya nadie las puede ver, pero has cometido el error de colgarlas durante unos minutos a la vista de todo el mundo, y a lo mejor alguien ha hecho copias de ellas para pasárselas a sus amigos. Es imposible saber dónde pueden estar ya.

El gran auge tanto en la aparición como en el uso de las redes sociales a través de Internet ha hecho que esta paradoja la encontremos diariamente en los perfiles de los usuarios, aunque no siempre somos conscientes de ello.

No pretendo demonizar estas redes, ni mucho menos. Nos han aportado un nuevo medio de comunicación y un modo de compartir información al alcance de cualquier persona, pero como todo avance en la humanidad, debemos aprender a utilizarlas de forma segura. El coche cambió nuestra forma de viajar, pero con el tiempo hemos aprendido que para no correr riesgos innecesarios debemos seguir una serie de precauciones. Pues, en este caso, nos pasa lo mismo.

Los cibercriminales dedican buena parte de su tiempo a recabar información a través de la red para posibles futuros ataques, y en muchas ocasiones somos nosotros mismos los que les hacemos el trabajo, publicando en nuestros muros todo tipo de información sin preocuparnos de quién puede y quién no puede acceder a ella.

Para protegernos de este peligro vamos a centrar nuestra atención en tres pilares fundamentales:

- ▼ **Información que publicamos.** No debemos publicar aquella información que consideremos sensible (fotos, datos personales, ubicación en cada momento) y que pueda ser usada en nuestra contra en algún momento. Piensa antes de subirla si se la enseñarías a una persona al azar por la calle; si la respuesta es no, no la cuelgues, porque puede que cualquiera llegue a ella. Si subes algo a la red, pierdes el control sobre ello, alguien puede haberlo descargado y, aunque lo borres, puede estar ya circulando de dispositivo en dispositivo.

- ▼ **Configuración de privacidad.** No es un punto que todo el mundo tenga en cuenta, pero es crítico en nuestra seguridad. Todas las redes sociales tienen propiedades de configuración de privacidad que debemos adaptar a nuestras necesidades, además de mecanismos de bloqueo de usuarios y denuncias. Debemos asegurarnos de que solo dejamos ver nuestra información a quién nosotros queremos. En el "Anexo V – Configuración de privacidad en Facebook y Twitter" muestro los pasos que hay que seguir para llevar a cabo esta tarea.

- ▼ **Contactos.** Ten mucho cuidado cuando aceptes a nuevos contactos en tu perfil. Nunca aceptes a desconocidos, e incluso siendo alguien que sí conozcas, si es posible, asegúrate de que es realmente la persona que dice ser, ya que existen muchos casos de suplantación de identidad o de robo de cuentas que nos pueden llevar a engaños. En caso de duda, siempre es mejor no aceptar la solicitud o eliminar al contacto que correr el riesgo.

Si nos preocupamos de estos tres puntos habremos avanzado mucho en la seguridad de nuestra privacidad en las redes sociales, pero no significa que ya podamos bajar la guardia. La seguridad digital es una batalla que debemos librar de forma continuada.

Existen otros peligros contra los que también deberemos estar alerta, como los permisos que concedemos a las aplicaciones y juegos que se ejecutan desde las redes sociales, que aceptamos sin tan siquiera leer ni ser conscientes de a qué información les estamos dando acceso.

Figura 2.16. Las redes sociales han cambiado nuestra forma de relacionarnos

En los últimos tiempos también han comenzado a surgir virus a través de mensajes en los perfiles de los usuarios, los cuales incorporan un enlace que nos dirige a una página fraudulenta donde debemos escribir nuestro nombre de usuario y contraseña para acceder a determinado contenido. Nunca te fíes de páginas que te vuelven a pedir las credenciales, ni aunque el mensaje te haya llegado desde alguien conocido, ya que estos virus están programados para propagarse de forma automática entre los contactos de un usuario sin que este sea consciente de ello.

Y no podemos olvidarnos de los casos de ciberacoso que se producen en las redes sociales cada vez con mayor frecuencia, tanto entre adultos como, sobre todo, entre menores. Si sufres un ataque de este tipo, lo mejor es bloquear al usuario, guardar las pruebas de los hechos (mensajes, pantallazos) y, en función de la gravedad, denunciar a las autoridades.

> **RECUERDA**
>
> Es muy importante ser precavido con aquella información que subimos a las redes sociales, ya que no sabemos quién va a acceder a ella y el uso que puede hacer de la misma. Configura las opciones de privacidad y ten cuidado con los contactos que agregas, así evitarás poner en riesgo tu intimidad digital.

CASO 15.
LA SALA DONDE TODOS NOS ESCUCHAN. REDES PÚBLICAS

> **¿LO HARÍAS?**
> Estoy dando un paseo con mi pareja. Últimamente estamos teniendo problemas con el banco y llevamos toda la tarde hablando de las posibles soluciones. Estamos agotados, así que vamos a entrar en un bar a tomar algo para reponer fuerzas. Entramos y, aunque el lugar está repleto de gente, no se oye ni un ruido. No conocemos a nadie allí, pero nos sentamos en una mesa con nuestras tazas y seguimos hablando de cuentas bancarias, saldos y préstamos. Con tan poco ruido cualquiera puede oír nuestra conversación, pero no nos preocupamos por ello, es más importante terminar con estos asuntos aunque la gente se entere de nuestros datos.

Como tenemos un cierto cariño a nuestros datos personales, sobre todo cuando de dinero se trata, si tenemos que hablar de ellos lo hacemos siempre en entornos de confianza, en sitios donde estemos seguros de que nadie nos va a escuchar y pueda hacer posteriormente un uso fraudulento de ellos.

Una vez más, lo que tenemos tan claro en nuestra vida real no lo llevamos a la práctica con la información que manejamos en la red.

¿Alguna vez has estado de viaje, o simplemente fuera de tu casa, y te has alegrado de encontrar la wifi pública de algún hotel, bar o museo? – "Qué bien, no tengo que gastar mis datos, me voy a conectar a esta red y así puedo navegar sin preocupaciones". No dudas ni un instante en "engancharte" y empezar a visitar páginas o actualizar tus redes sociales, sin preocuparte de quién más puede estar en esa red vigilando todo lo que haces.

Figura 2.17. Ver este símbolo puede ser el principio de nuestros problemas de seguridad

Estar en la intimidad de nuestra habitación de hotel puede darnos una falsa sensación de seguridad y anonimato, pero esa misma situación la puede estar usando un ciberdelincuente dos habitaciones más allá, o en el edificio de enfrente, para captar todas tus comunicaciones con un *sniffer* y tener acceso a todo lo que escribas o leas.

Siempre que podamos, va a ser mucho más seguro emplear nuestras propias redes de datos móviles (3G o 4G) que cualquier wifi que esté abierta a muchos más usuarios; pero si llega el caso de tener que conectarnos a una red pública, deberemos tener en cuenta una serie de recomendaciones para no poner en peligro nuestra seguridad digital:

- ▼ No trabajar con información sensible (datos personales, datos bancarios, credenciales de inicio de sesión) y, si nos fuera imprescindible hacerlo, cifrar todos los mensajes que fuésemos a enviar antes de hacerlo.

- ▼ Asegurarnos de que nos vamos a conectar a la red que realmente queremos. En ocasiones los ciberdelincuentes crean conexiones a redes con nombres parecidos para que entremos en ellas, y tenernos a su merced.

- ▼ Si vamos a viajar, podemos crear una cuenta de correo exclusiva para el viaje, con un nombre de usuario y contraseña distintos a las que empleamos normalmente. Si nos roban la cuenta el resultado será mucho menos traumático.

- ▼ Desactivar la conexión wifi de nuestros dispositivos cuando no la vayamos a utilizar.

- ▼ Utilizar la navegación de incógnito (ver Caso 16).

- ▼ Ser precavidos con los inicios de sesión: no recordar las contraseñas, meter las credenciales a través de teclados virtuales y cerrar las sesiones al terminar.

Hasta ahora hemos tratado el tema de conexiones a redes públicas que están ahí para que los usuarios puedan conectarse libremente, pero hay un caso especial que no hemos tratado: "el robo de la wifi del vecino".

Por ahorrarse unos euros, muchos usuarios utilizan *software* de rotura de claves para poder conectarse a Internet a través de la red de su vecino robándole el ancho de banda que religiosamente paga cada mes. Más allá de las repercusiones éticas o legales que esta práctica pueda conllevar, debemos tener en cuenta los riesgos que puede suponer para nuestra propia seguridad.

Al conectarnos a una red que no es la nuestra, nunca podemos estar seguros de quién más está dentro de ella. Tendemos a pensar que este tipo de redes (antes abiertas sin ni siquiera contraseña, o ahora muy fáciles de romper) pertenecen a usuarios poco iniciados en temas informáticos que no se preocupan por la seguridad de sus *routers*; pero, en muchas ocasiones, estas conexiones están puestas así premeditadamente por los propios cibercriminales para que alguien que se cree más listo que ellos entre en ellas sin ser consciente de donde se ha metido.

Los delincuentes aprovechan estos casos para entrar en los dispositivos de los que, en un principio, los estaban atacando a ellos, y roban sus datos, los infectan con malware o redirigen su tráfico de información a páginas fraudulentas que ellos mismos diseñan. Tú puedes creer estar entrando en la página de tu correo electrónico, mientras ellos, sin tú saberlo, te redirigen a una página muy similar a través de la cual realizan acciones delictivas desde tu cuenta.

RECUERDA
Evita siempre que puedas el uso de redes públicas y, si tienes que hacerlo, extrema las medidas de protección de tus datos. Robarle la wifi al vecino puede traerte muchos problemas, nunca sabes quién está al otro lado del router.

CASO 16.
EL TURISTA CONFIADO. NAVEGACIÓN PRIVADA

¿LO HARÍAS?
He venido de vacaciones a una ciudad que no conocía, y estoy aprovechando los pocos días de los que dispongo para visitar todos los monumentos posibles. Tienen una política de turismo un poco extraña, porque en cada iglesia o cada museo que entro tengo que dar todos mis datos personales e, incluso, me colocan un sistema de rastreo que registra todas aquellas salas a las que voy. Dicen que es para que, si vuelvo a venir, sepan lo que ya he visitado y lo que no y puedan darme un servicio más personalizado, y que además, como tienen mis datos, pueden mandarme publicidad para ofrecerme ofertas.

Si vamos a entrar a un museo, llegamos a la taquilla, pagamos la entrada y pasamos a visitar las exposiciones. No entenderíamos que para hacer algo así nos obligaran a dejar todos nuestros datos personales, ni que nos colocaran un rastreador para tenernos localizados en cada momento. Esa información no es de su interés, sobre todo cuando yo no sé qué van a hacer con mis datos. Puedo encontrarme tiempo después con que todo tipo de empresas me llenan mis buzones de correo de publicidad que no he pedido en ningún momento, o que mi información personal ha sido utilizada para actividades poco éticas.

En los últimos tiempos, al visitar muchas páginas web nos aparece un mensaje de información indicándonos que dicho sitio emplea *cookies*, aunque habrá muchos usuarios que no sepan qué son ni se hayan molestado en informarse. A grandes rasgos, las *cookies* son pequeños trozos de información que la web envía al visitante, y que se almacenan en el ordenador de este para recordar lo que hace y lo que busca en la red.

¿Nunca te ha extrañado que, después de haber estado buscando en Google información sobre el precio de un electrodoméstico, entres en tu perfil de Facebook y, como por arte de magia, comiencen a mostrarte ofertas sobre los mismos productos en los que estabas interesado? Evidentemente la magia no existe, y esta es la labor que realizan dichas *cookies*.

Sin ser conscientes de ello, estamos aceptando que cualquier página web almacene y use a su antojo información sobre nuestros gustos o nuestros intereses y, ¿quién sabe si sobre algo más? El poder de control que ejercen sobre nosotros es enorme, pero tenemos en nuestra mano una solución a este problema: la navegación privada.

Todos tenemos instalado en nuestro ordenador un navegador para entrar a Internet, en ocasiones hasta varios, pero poca gente sabe que todos ellos incorporan una opción de navegación privada, cuyo principal objetivo es que no se guarde ninguna información en nuestro ordenador relativa a nuestros hábitos.

Esto lo consigue borrando el historial de webs visitadas, las contraseñas que se hayan almacenado, y las *cookies* que hayan podido quedar guardadas en el equipo. De este modo hacemos que nuestro recorrido por la red no quede registrado en ningún lugar que nosotros no queramos.

Se trata de una medida muy aconsejable cuando trabajemos en cualquier navegador, pero especialmente si lo hacemos en equipos compartidos, ya que elimina el recuerdo de las contraseñas y la opción de autocompletar que viene predeterminada en muchos formularios; dos métodos a los que puede recurrir un cibercriminal para obtener nuestros datos personales.

También es muy aconsejable si se van a visitar páginas de poca confianza o de intercambio de archivos, sitios donde es muy frecuente encontrar *malware* escondido entre las citadas *cookies* que puede infectar nuestro ordenador a través de ellas.

De todos modos, debemos tener claro que ésta es una medida más, pero no definitiva. Nos va a librar de gran parte del seguimiento al que estamos sometidos, pero existen *pluggins* de los navegadores (como puede ser el caso de Adobe Flash) que pueden ser capaces de almacenar esta información aunque tomemos esta medida, por lo que deberemos ser igualmente precavidos con los sitios que visitamos.

Igualmente corremos el riego de pensar que, si navegamos de esta forma, nos volvemos de repente "invisibles" en la red y que podemos hacer lo que queramos sin ser descubiertos, pero eso no es así. La navegación privada no oculta nuestra dirección IP, por lo que si llevamos a cabo cualquier actividad delictiva podemos ser descubiertos con total facilidad.

Para activar la navegación privada o de incógnito en los navegadores más usuales:

- ▼ **Google Chrome:** en el menú del navegador pinchamos sobre "Nueva ventana de incógnito" o presionamos simultáneamente la combinación de teclas Crtl + Mayúsculas + N en Windows, y Command + Mayúsculas + N en Mac. Todas las pestañas que se abran a partir de ahora desde ésta, también serán de navegación privada.

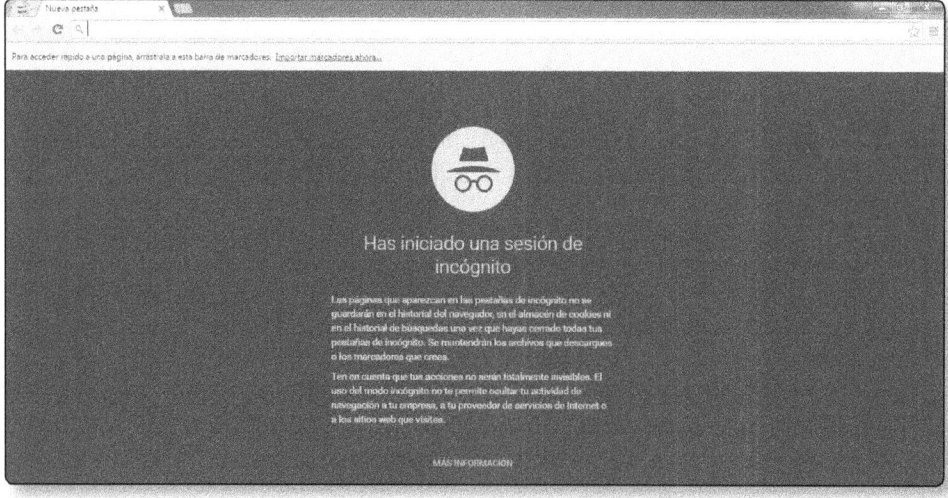

Figura 2.18. Ventana de navegación de incógnito en Google Chrome

▶ **Internet Explorer:** en el menú (si no está visible pulsamos la tecla Alt) pinchamos sobre Herramientas, y dentro en la opción Exploración de InPrivate, o con la combinación de teclas Control + Mayúsculas + P. Nos abrirá una nueva ventana donde trabajaremos con las pestañas que necesitemos en este modo.

Figura 2.19. Navegación InPrivate de Internet Explorer

▶ **Firefox:** pinchamos sobre el botón Nueva Ventana Privada del menú del navegador, o tecleamos la combinación Control + Mayúsculas + P en Windows, y Command + Mayúsculas + P en Mac.

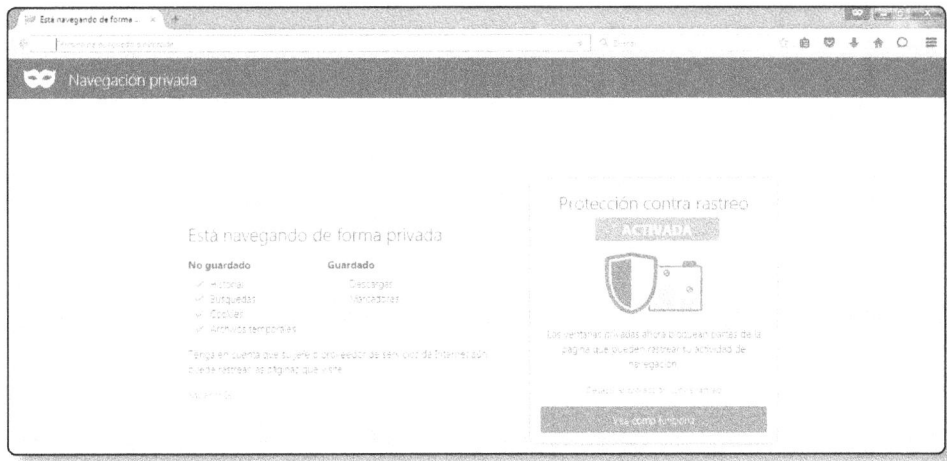

Figura 2.20. Ventana de navegación privada de Mozilla Firefox

▶ **Safari:** dentro del menú Safari pinchamos en la opción Navegación Privada o presionamos la combinación de teclas Command + Mayúsculas + N. Se abrirá una nueva ventana con la opción de navegación privada activada, de lo que nos podremos dar cuenta porque la barra de búsqueda es más oscura de lo normal.

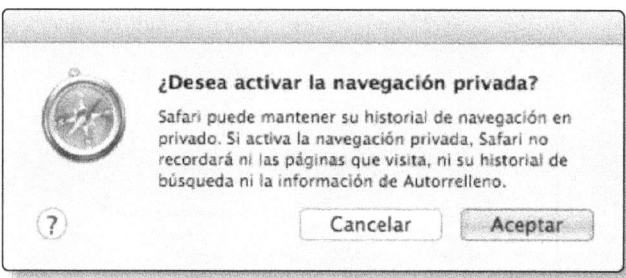

Figura 2.21. Mensaje de aviso antes de activar la navegación privada en Safari

NOTA: Los pasos anteriores están explicados para las versiones más actuales de cada navegador. En caso de utilizar versiones más antiguas, alguno de los puntos puede sufrir alguna variación.

RECUERDA
Utiliza la navegación privada que te ofrece tu navegador para evitar ser vigilado y controlado por las páginas web que visites, especialmente si son de poca confianza.

CASO 17.
EL PAPEL ARRUGADO. LO QUE SUBIMOS A LA RED PERMANECE EN ELLA

¿LO HARÍAS?
Me he enterado de un cotilleo sobre alguien de mi empresa y se lo quiero contar a mi compañero de la mesa de al lado, pero es mejor que nadie más lo sepa. No puedo esperarme a salir y hablar con él, así que se lo voy a escribir en un papel y se lo doy para que lo lea. Después hacemos una bola con él y lo tiramos a la papelera, así destruimos el mensaje y nadie más podrá leerlo.

El mensaje cumple su función, informa a mi compañero sin que nadie más lo haya visto, pero fallamos cuando creemos que, por arrugar el papel y tirarlo a la papelera, nos aseguramos de que nadie más lo lea. Alguien que sospeche que ese papel podría tener algo importante no tiene más que recuperarlo, estirarlo y leerlo.

Algo muy similar nos ocurre cuando subimos información a la red o, simplemente, cuando hacemos algo en ella, porque aunque no seamos conscientes, cualquier cosa va dejando nuestro rastro allá por donde pasamos.

Nos hemos acostumbrados a compartir nuestra vida en Internet. Queremos que nuestros contactos sepan dónde hemos estado (o estamos en ese momento), qué hemos hecho, la ropa que nos hemos comprado o hasta qué hemos comido en ese maravilloso restaurante tan caro al que fuimos. Percibimos las webs y las redes sociales como un método muy cómodo de compartir información y las exprimimos todo lo que podemos. Mil veces hemos oído eso de: *"Si no estás en Internet, no existes"*.

Con la aparición de las nuevas tecnologías, un vídeo grabado con tus amigos y colgado en Internet, que en principio puede parecer insignificante, puede cambiarte la vida, tanto para bien como para mal. Si te da fama y acabas ganando dinero, todos tan felices; pero si lo que ha hecho ha sido generarte problemas y quieres que desaparezca, ¿qué haces?

Subir información al mundo digital es muy sencillo, pero ¿es tan fácil borrarla cuando no queremos que siga ahí? Cuando colgamos algo en la red, se almacena en los servidores de la web donde lo hemos hecho; es decir, sus administradores (o en el peor de los casos, alguien no autorizado que acceda a ellos) tienen en sus manos tu intimidad, y tenemos que fiarnos de su buena fe a la hora de eliminarlos cuando nosotros deseamos hacerlo.

La mayoría de los usuarios quitan de su perfil los datos o las fotos que ya no quieren que se vean y se quedan tan tranquilos. Lo que no saben es que en realidad toda esa información únicamente se ha borrado de su perfil, pero no lo ha hecho de los servidores de la red social o de los buscadores y webs que lo tienen enlazado. Una persona con unos poquitos conocimientos puede volver a tener acceso a esa información sin demasiados quebraderos de cabeza.

En realidad nunca podemos saber qué hace cada *webmaster* con la información que nosotros mismos le estamos proporcionando, ni podemos estar seguros de que se haya eliminado por completo cuando hemos querido hacerlo. Incluso yendo más allá, no sabemos quién puede haber descargado algo mientras ha estado visible y se ha dedicado a difundirlo por otros medios. Hemos perdido por completo el control sobre lo que debería ser únicamente nuestro.

Solo nos basta con recordar el caso *Celebgate*, donde fueron robadas cientos de fotos íntimas de famosas de los servidores de almacenamiento de la nube de Apple, o los casos de imputaciones por corrupción en España, basados en gran parte en la recuperación de los correos electrónicos que se enviaban entre los acusados habiendo sido borrados de sus cuentas, para ser conscientes de la permanencia que tiene nuestra información en Internet.

Te invito a hacer un experimento. Vamos a comprobar la información que Facebook sabe sobre ti.

Abre tu cuenta y ve a Configuración:

Figura 2.22. Acceso a la configuración de Facebook

Pincha en el enlace Descarga una copia de tu información, se te abrirá un asistente donde tendrás seguir los pasos que te indican.

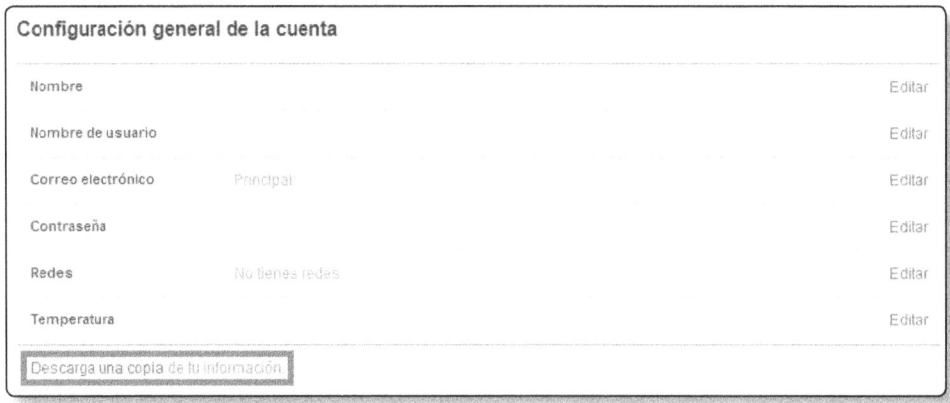

Figura 2.23. Opción de descargar la copia de información

Figura 2.24. Asistente para la descarga

Cuando esté listo, Facebook te enviará un mensaje a tu correo electrónico con un enlace para descargar un archivo comprimido, donde deberás volver a introducir tu contraseña de Facebook por seguridad. Una vez descargado, descomprímelo y haz doble clic sobre el archivo index.html, que abrirá una página web donde podrás ver toda la información que la red social guarda sobre ti.

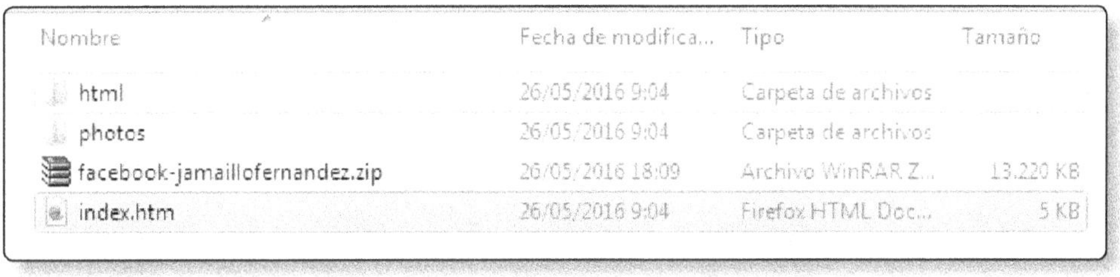

Nombre	Fecha de modifica...	Tipo	Tamaño
html	26/05/2016 9:04	Carpeta de archivos	
photos	26/05/2016 9:04	Carpeta de archivos	
facebook-jamaillofernandez.zip	26/05/2016 18:09	Archivo WinRAR Z...	13.220 KB
index.htm	26/05/2016 9:04	Firefox HTML Doc...	5 KB

Figura 2.25. Archivo.zip descargado y su contenido

Si le echas un vistazo detenidamente, podrás comprobar todo lo que Facebook tiene almacenado sobre ti. ¿Consideras importante ahora ya tu información en la red?

Normalmente, las consecuencias que tiene esto sobre los usuarios no son muy graves, pero pueden darse casos en los que la imagen de una persona o una empresa se vean gravemente perjudicados por diferente información que circula por Internet. Para estos casos existen muchas empresas online que ofrecen sus servicios para hacer desaparecer estos datos de la red, pero estos procesos suelen costar bastante tiempo y dinero para que den buenos resultados, por lo que una vez más el sentido común y la precaución se convierten en nuestros mejores aliados.

> **RECUERDA**
> Todo lo que subimos o hacemos en la red permanece guardado en ella, aunque creamos haberlo borrado. Hacerlo desaparecer es un proceso lento y muy costoso, por lo que el mejor remedio es emplear el sentido común cuando vayamos a compartir nuestra información.

CASO 18.
EL VENDEDOR SOSPECHOSO. COMPRAS SEGURAS EN INTERNET

> **¿LO HARÍAS?**
> Hoy he venido al centro comercial porque quiero comprarme un nuevo televisor, ya que este año hay Mundial y me quiero dar el capricho de verlo a lo grande y en alta definición. Ya tengo claro el modelo que me quiero comprar, pero cuando iba a entrar en la tienda he visto al lado una camioneta donde estaban vendiendo los mismos televisores un 5% más baratos; así que no lo he dudado ni un momento, les he dado mi tarjeta de crédito para que me cobraran y he metido la caja que me han dado en el maletero de mi coche deseoso de llegar a casa y abrirla para poder estrenarla.

Muchas son las cosas que se le puede recriminar a nuestro amigo en el transcurso de esta compra. Para empezar, en lugar de entrar en la tienda a la que se dirigía y que le ofrecía todas las garantías profesionales, se decide por comprar el producto a alguien que lo está vendiendo en la calle y del que no sabe absolutamente nada. Y por si eso fuera poco, da los datos de su tarjeta para pagar el televisor (de nuevo a un total desconocido), y lo mete en el maletero del vehículo sin tan siquiera comprobar que la caja contiene lo que supuestamente ha comprado.

¿Qué pasa si al llegar a casa descubre que dentro de la caja solo iban unos trozos de hierro y no su preciada televisión? ¿Y si la próxima vez que consulte su cuenta comprueba que está en números rojos porque alguien, que se ha hecho con sus datos, la ha desvalijado? ¿A quién reclamamos en este caso?

Lo que en la vida real puede ser algo muy sencillo de prevenir, cuando se trata de realizar compras *online* se nos complica un poco al ser más difícil poder saber si el vendedor con el que tratamos al otro lado de la conexión es realmente quien dice ser o no.

¿Qué hacemos entonces? Si no podemos estar seguros nunca de que no nos van a engañar, ¿nos olvidamos de las compras a través de Internet? Evidentemente la respuesta es no. No tenemos por qué renunciar a este nuevo formato de compras que nos ofrecen las nuevas tecnologías.

Las compras online presentan muchas ventajas con respecto a las compras tradicionales: no tener la necesidad de desplazarse, poder comparar los precios del mismo producto en multitud de puntos de venta en cuestión de minutos, poder comprar en el lado opuesto del mundo sin problemas de idioma o moneda Los avances que pueden beneficiarnos los debemos aprovechar, pero hay que hacerlo tomando las debidas precauciones para evitar malas experiencias.

Figura 2.26. Las compras online nos ofrecen muchas ventajas, pero deben hacerse con las debidas precauciones

La primera medida que deberíamos seguir a la hora de comprar en la red es estar seguros de que el vendedor es de absoluta confianza y no un mero estafador. Las páginas web de empresas grandes ya contrastadas en el mercado suelen ser una opción segura, aunque no se deben descartar otros comercios electrónicos por el mero hecho de ser menos conocidos, ya que muchas veces ofrecen precios más atractivos que las grandes compañías.

Si en algún caso dudamos de la identidad de una determinada página, leer los comentarios de otros compradores sobre la misma nos puede ser de gran ayuda. En ocasiones la misma página contiene estas valoraciones, pero yo recomiendo hacer una búsqueda en Internet a través de algún buscador, en páginas independientes o en foros, ya que las valoraciones positivas en mi propia web las puedo poner yo mismo para engañar a los más incautos.

Una vez que ya tenemos decidido que el vendedor merece nuestra confianza, nos encontramos con el punto más delicado en toda transacción: el pago. Aunque sepamos que la página no nos va a estafar, debemos tomar todas las precauciones que tengamos a nuestro alcance para evitar el robo de nuestras credenciales bancarias por terceros, o para minimizar los daños en caso de que llegara a ocurrir.

Aunque actualmente existe un amplio abanico de posibilidades a través de las cuales podemos realizar pagos en la red, dos destacan por encima del resto por las garantías de seguridad que nos ofrecen:

▼ **Tarjetas de débito/crédito prepago**.

Estas tarjetas funcionan exactamente igual que las tradicionales a la hora de pagar, con la única diferencia de que su saldo inicialmente es cero y, antes de realizar la transacción, el propio usuario transfiere a ella la cantidad que va a abonar en la compra. Su seguridad radica en que aunque alguien consiguiera hacerse con estos datos, al no disponer de más saldo que el que el propietario introduzca en cada momento, el ladrón no podría emplearla para ningún otro objetivo.

▼ **Plataformas especializadas de pago**.

Son páginas web dedicadas a las transacciones en la red, ofreciendo una mayor seguridad en las mismas. Seguramente la más extendida en la actualidad sea PayPal, en la cual el usuario se registra con sus datos y es la plataforma la que los custodia, no entregándoselos al vendedor. Además ofrece un seguro al comprador a través del cual, en caso de ser estafado, intercedería por él.

Figura 2.27. PayPal. Probablemente la plataforma de pago más extendida por todo el mundo

RECUERDA

Antes de realizar cualquier compra por Internet asegúrate de que el vendedor sea real y de confianza. Emplea los métodos de pago que te ofrezcan la mayor seguridad de que no vas a ser estafado.

CASO 19.
CIERRA CUANDO TE VAYAS. CIERRE DE SESIONES

> **¿LO HARÍAS?**
> Hace ya tres meses que te apuntaste al gimnasio y como cada miércoles llegas puntual a tu clase. Vas al vestuario, te pones tu ropa deportiva y metes la ropa de calle, el reloj, el móvil, las llaves de casa y del coche y la cartera en la mochila que colocas cuidadosamente en la taquilla. Tienes un candado para poder cerrarla, pero ¿qué hago con la llave? Siempre me molesta durante la clase y estoy seguro que algún día la pierdo. Mejor la dejo puesta en el candado y así sé dónde está. Si total, conozco a todos lo que están en el gimnasio a estas horas y puedo fiarme de todos ellos.

Cualquiera entiende que, por mucho que nos fiemos de nuestros compañeros, la llave estará más segura en nuestro bolsillo. Es la mejor manera de que nadie pueda acceder a nuestras pertenencias y llevarnos un buen disgusto cuando volvamos para ducharnos después de una intensa hora de ejercicio.

Cuando trabajamos con sesiones en nuestro equipo, ya sean para acceder al sistema operativo o en alguna página web en la que nos identifiquemos con nuestro usuario y contraseña, si nos vamos y dejamos el ordenador sin vigilancia, siempre debemos cerrar (o por lo menos bloquear) la sesión, de modo que nadie que no conozca nuestra contraseña pueda acceder a nuestros datos.

¿Vamos a dejar que alguien con un *pendrive* se lleve todas nuestras fotos personales que tenemos guardadas en el disco duro?, ¿o que alguien entre en nuestra sesión con la web del banco y toque nuestras cuentas?

Incluso, aunque volvamos a sentarnos en el ordenador y no seamos conscientes de que nadie lo haya tocado, podemos haber sido víctimas de algún ataque. En muy poco tiempo cualquiera puede habernos instalado un troyano que envíe a un correo del atacante las pulsaciones que hacemos en el teclado, que le permita controlar nuestro equipo de forma remota a su antojo, o incluso puede haberse hecho con nuestras contraseñas de sesión a través de las cookies del navegador, para después entrar y operar a sus anchas suplantando nuestra personalidad digital.

> **RECUERDA**
> Nunca dejes tu equipo sin vigilancia y con las sesiones en las que estés trabajando abiertas. Evitarás el robo de archivos y de contraseñas.

CASO 20.
FIESTA PRIVADA CON CONTRASEÑA. PREGUNTAS DE RECUPERACIÓN DE CONTRASEÑAS

> **¿LO HARÍAS?**
> Hemos montado una fiesta privada para este próximo sábado, y como no queremos que se nos llene el local de gente que no esté invitada, vamos a poner un guardia de seguridad en la puerta que pregunte a cada invitado la contraseña que hemos dado para poder entrar. No nos hemos querido complicar mucho para que a la gente no se le olvide la palabra clave, así que él interrogará sobre qué día de la semana es, y quien diga que es sábado podrá pasar.

No tiene ningún sentido poner personal de seguridad en el local y una contraseña de acceso si cualquiera que llegue a la puerta puede conocer la respuesta, y no solo la gente que haya sido invitada por nosotros.

Pensemos en nuestras cuentas de usuario como en este local. Tenemos unas credenciales para identificarnos, con lo cual ya tenemos parte de esa seguridad conseguida. Ahora bien, como poca gente lleva un buen control sobre las contraseñas que va especificando en cada sitio, todas estas webs disponen de un servicio de recuperación de las mismas.

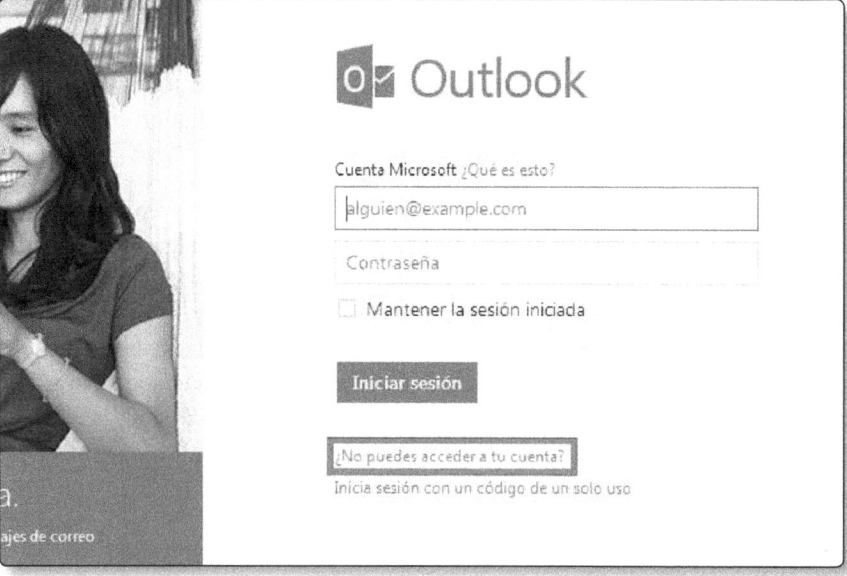

Figura 2.28. La mayoría de servicios en Internet nos ofrecen la posibilidad de recuperar las credenciales

Al registrarnos, además de algunos datos personales y nuestro usuario y contraseña, nos suelen pedir que configuremos una pregunta de seguridad para poder recuperar nuestro *password* en caso de olvido del mismo. En un alarde de ingenio, los desarrolladores nos ofrecen preguntas como el colegio en el que estudiaste o el nombre de tu primera mascota. Por norma general, la gente le da poca importancia a este punto y se suele escribir la respuesta real a la pregunta que nos están haciendo, así no nos olvidaremos de lo que pusimos.

Pero, pensemos, ¿de qué nos sirve tener una contraseña robusta si para recuperarla simplemente alguien que conozca la respuesta a esta pregunta puede tener acceso a ella? Incluso en muchas ocasiones lo ponemos más fácil aún, teniendo abiertos nuestros perfiles en las redes sociales con toda esa información al alcance del primero que se interese por ella.

El primer paso para evitar este fallo de seguridad es no dar respuestas reales en estos casos. Es una buena práctica tener una palabra o contraseña maestra con la que responderemos en todos los casos (sea lo que sea) y que no tenga nada que ver con lo que nos están preguntando. De esta forma mi vecino o mi amigo de la infancia no van a acceder tan fácilmente a mi contraseña.

Podemos aumentar un nivel más de seguridad si, en vez de usar la opción de las preguntas de recuperación, configuramos una cuenta de correo alternativa o un número de teléfono a través de los cuales se realice el proceso en caso de olvido. Ahora para poder restablecer mis credenciales ya habrá que conocer y tener acceso a otra de mis cuentas o incluso a mi teléfono móvil.

Este método debería ser el mínimo que todo el mundo debería poner en práctica, pero aun así tampoco estamos seguros por completo. Si queremos protegernos con todos los medios que tenemos a nuestro alcance, debemos familiarizarnos con un nuevo concepto: la identificación en dos pasos.

¿En qué consiste esta técnica? Normalmente, para acceder a nuestras sesiones, disponemos de un único paso de autenticación: las credenciales de acceso; es decir, algo que sabemos. Como su propio nombre indica, los dos pasos de identificación requieren de dos cosas, una que sabemos y otra que tenemos. Para entenderlo bien pensemos en el cajero del banco cuando vamos a sacar dinero; para poder hacer la retirada de efectivo necesitamos algo que sabemos (el número PIN) y además algo que tenemos (la propia tarjeta).

Actualmente la gran mayoría de servicios por Internet disponen de esta autenticación en dos pasos, aunque la mayoría de los usuarios no conocen de su existencia. Amazon, Gmail, Facebook, PayPal, Outlook, Yahoo, Dropbox, Google Drive y un larguísimo etcétera nos ofrecen esta posibilidad (se puede consultar una lista de estos sitios en *https://twofactorauth.org/*).

Obviamente, en estos casos, no disponemos de una tarjeta para proceder a la identificación, por lo que aquello "que tenemos" se sustituye por un código que el servicio nos envía vía SMS a nuestro móvil o por correo electrónico cada vez que queremos acceder a él.

Si bien el proceso para acceder a las sesiones se vuelve un poco más lento al tener que esperar que nos llegue el código e introducirlo en la página, llevar a cabo esta medida nos va a proporcionar una seguridad mucho mayor que los métodos anteriores.

> **RECUERDA**
>
> Nunca des respuestas reales para las preguntas de recuperación de contraseñas de sesión. Cuando sea posible emplea otros métodos como las cuentas alternativas o el teléfono, e incluso la doble autenticación, que ofrecen una mayor seguridad.

CASO 21.
EL CALLEJÓN. COMPROBAR DÓNDE NOS DIRIGEN LOS LINKS

> **¿LO HARÍAS?**
>
> Cada vez que salimos de viaje, a mi pareja y a mí nos gusta hacer turismo sin mapas, como nos gusta llamarlo. Empezamos a andar a ciegas por la ciudad y nos vamos encontrando los monumentos de forma imprevista. Claro que esto también tiene sus desventajas, porque siempre se nos queda alguna cosa por ver en la que estamos interesados, así que al final nos toca preguntar a alguien por dónde tenemos que ir. Esta vez no iba a ser menos, llevamos toda la tarde buscando un parque que nos han recomendado y se nos ha hecho de noche, así que hemos preguntado a un chico que no tenía muy buena pinta, pero era el único que estaba por allí. El barrio no nos da mucha confianza y nos ha dicho que debemos ir por el callejón que estaba justo detrás de él. Vamos a confiar en él y nos meteremos por ahí.

Estamos en una ciudad desconocida, de noche, por un barrio, digamos, de no muy buena fama y tenemos que preguntar el camino a la única persona que hay por allí, que tampoco nos ofrece mucha confianza. Cuanto menos tomamos nuestras precauciones antes de entrar por ese callejón, y si temsemos cualquier peligro, lo evitamos.

Este es un comportamiento totalmente lógico en busca de nuestra seguridad personal, pero en la red no tenemos la sensación de que vayamos a entrar por un sitio en el que corramos riesgos, así que si vemos un enlace en una página web, un *mail* o un mensaje en un foro lo pinchamos sin temor, ¿qué me puede pasar?

El funcionamiento de Internet se basa en hipervínculos, es decir, en páginas web que contienen enlaces a otras páginas. Con solo hacer clic sobre uno de estos, somos dirigidos a un nuevo sitio con otro contenido y otros enlaces. Esto hace que las webs estén interrelacionadas entre sí y podamos navegar entre ellas.

El problema que surge con esta forma de navegación es que hasta que no pinchamos en un *link* no sabemos realmente dónde nos va a dirigir. Un enlace puede tener el texto, la imagen o el botón que quiera poner el desarrollador, pero no tiene porqué mandarnos después donde nos prometían, y una vez dentro puede ser ya demasiado tarde y quizás hayamos sido infectados con algún *malware*.

Los cibercriminales van a intentar engañarnos de todas las formas posibles, y las principales que nos vamos a encontrar son:

- **Ingeniería social**: *links* que nos ofrecen premios, viajes, contenidos exclusivos…, pero que en realidad nos dirigen a páginas fraudulentas.

- **Direcciones muy largas**: para que sea difícil ver el final de la misma y no sepamos dónde vamos a entrar.

- **Direcciones acortadas que ocultan la dirección real**: servicios de este tipo como el que nos ofrece Google o Bit.ly se han hecho muy famosos gracias a Twitter, donde el límite de caracteres nos obliga a acortar las URL que publicamos. Son direcciones del tipo: *http://bit.ly/jsnasu35*.

No debemos confiarnos con las direcciones que nos encontremos, ni aunque estas nos lleguen en un *mail* o una red social de un conocido (puede ser un virus autopropagándose entre sus contactos) o estén en una web, en principio, de confianza (puede haber sido hackeada). Si un enlace nos ofrece la más mínima duda, debemos comprobarlo antes de pincharlo, y si, aun así, no lo tenemos del todo claro, lo mejor es ser precavidos y no entrar en él.

¿Y qué podemos hacer para comprobar un *link* sin entrar en él? Pues tenemos tres técnicas que nos van a ayudar en esta tarea:

- Colocar el cursor del ratón sobre el enlace en cuestión, pero ¡ojo!, sin hacer clic sobre él. En un instante, se mostrará la dirección a la que dirige el link en la parte inferior izquierda de la pantalla del navegador, y podemos comprobar a qué dirección nos va a reportar.

Figura 2.29. Dirección mostrada al colocar el cursor sobre el enlace

▶ Usar algún escáner online de URL. Son páginas web donde introducimos el enlace que nos preocupa y, mediante analizadores de malware y listas negras de links, nos proporciona la seguridad del mismo. Algunos de los más famosos los encontramos en www.urlvoid.com o *https://www.virustotal.com/es/* (este último también tiene la función de antivirus online). El problema de estos escáneres es que no funcionan con los enlaces acortados de los que hemos hablado anteriormente, para los cuales debemos recurrir a la siguiente técnica.

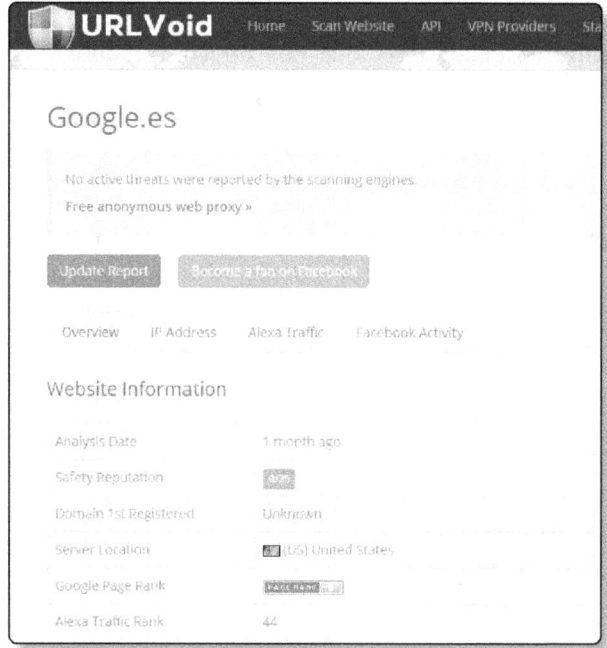

Figura 2.30. Ejemplo de análisis con el escáner URLVoid

▶ Para los enlaces acortados, recurrir a sitios web donde comprobamos la dirección real que tiene escondida. Recomiendo usar unshorten.it, con un sencillo manejo y muy buenos resultados.

Figura 2.31. Ejemplo de uso de unshorten.it, donde se aprecia el enlace acortado y la dirección real

Para realizar cualquiera de las dos últimas técnicas, es imprescindible copiar el enlace para poder pegarlo en la herramienta *online* en cuestión. Sabemos que cuando entramos en una página web, este enlace está en la barra de direcciones, pero obviamente no podemos hacerlo así, ya que eso implica entrar en la web, y es lo que precisamente queremos evitar hasta estar seguros.

Lo que vamos a hacer es situarnos con el cursor del ratón sobre el *link* y pinchar con el botón derecho. En función del navegador que estemos utilizando, la opción que debemos usar puede tener un nombre u otro, por ejemplo en Internet Explorer se llama *Copiar acceso directo*, en Mozilla Firefox *Copiar la ruta del enlace* y en Google Chrome *Copiar dirección de enlace*.

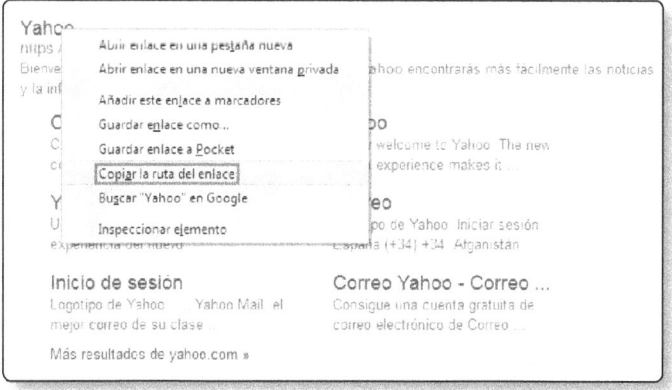

Figura 2.32. Opción de copiar la dirección de un enlace en Mozilla Firefox

Ahora solo nos queda cerciorarnos de si es seguro o no y ¡a navegar!

RECUERDA
No debes fiarte de cualquier enlace que te encuentres navegando por la red, muchos de ellos pueden dirigirte a páginas fraudulentas. Sé precavido, y si dudas, comprueba su veracidad.

CASO 22.
EL TRASTERO COMÚN. ALMACENAMIENTO SEGURO EN LA NUBE

¿LO HARÍAS?
Todos los vecinos en mi comunidad nos llevamos genial, así que hemos ideado un sistema en los trasteros para guardar todas nuestras cosas allí, y cuando alguien necesita algo de otro vecino se le deja la llave para que baje y lo coja. Todo el mundo en el barrio sabe que funcionamos de esta forma y nos va bien, así que cada uno tiene allí todas sus pertenencias de valor sin temor a que pase nada.

¿Podemos fiarnos de cualquiera que entre en el pasillo de los trasteros así como así? Generalmente la respuesta es no, y si disponemos de estos cuartos de almacenamiento en nuestras casas, los tenemos bien cerrados con llave (siempre a buen recaudo) y los utilizamos para guardar la bicicleta del niño, muebles viejos y todo aquello que nos estorba por casa, no para guardar nuestro dinero, nuestras joyas y nuestra documentación de valor, por lo que pueda pasar.

Hasta hace muy poco tiempo, cuando queríamos compartir información con alguien o tenerla siempre accesible desde diferentes dispositivos para nosotros mismos, no nos quedaba otra que ir cargando con memorias extraíbles USB de un lado para otro, pero la aparición de los servicios de almacenamiento en la nube ha cambiado este paradigma de la noche a la mañana.

Figura 2.33. Los servicios de almacenamiento en la nube están teniendo un gran auge en los últimos años

Servicios como Dropbox, CloudMe, iCloud, Google Drive o SkyDrive nos han ofrecido una cómoda técnica para compartir nuestros archivos con aquellos contactos que necesitemos, o guardar de forma automática las copias de seguridad de nuestra información, y, como suele pasar en estos casos, nos hemos subido rápidamente al carro sin preocuparnos de los riesgos que corremos con ello.

Guardamos en la nube una cantidad ingente de información, tanto personal como profesional, aprovechándonos de poder acceder a ella desde cualquier sitio, pero esta característica, que se convierte en su principal ventaja, también es su mayor vulnerabilidad, convirtiendo a estos servicios en un nuevo objetivo prioritario de los cibercriminales.

Casos como el *Celebgate* (del que ya hemos hablado anteriormente) ponen de manifiesto que la intimidad en la nube no siempre se ve salvaguardada, por lo que el propio usuario debe añadir su plus de seguridad para evitar verse afectado por casos como éste. Siguiendo esta serie de consejos básicos vamos a conseguir blindar un poquito más nuestra información:

- ▼ Mantener el *software* actualizado. Cuando una tecnología es muy nueva, surgen a diario problemas que se van solucionando con cada versión de la aplicación, por lo que es conveniente actualizarlo para estar lo más seguros posible.

- ▼ Evitar el uso de estos sistemas para almacenar información sensible. Si es necesario hacerlo, es conveniente cifrar los archivos antes de subirlos (ver Anexo IV). Aunque algunas plataformas nos den la posibilidad de hacerlo al subir los ficheros, encriptan con sus algoritmos y sus claves, con lo que los propietarios del sitio podrían tener acceso a la información en cualquier momento.

- ▼ Hacer una correcta gestión de la contraseña que utilizamos.

- ▼ Si el servicio nos lo ofrece, como es el caso de Dropbox o iCloud por ejemplo, utilizar la identificación de acceso en dos pasos, ya explicada en casos anteriores.

- ▼ Evitar su uso en dispositivos móviles. Está comprobado que existen muchos más agujeros de seguridad en las aplicaciones para móviles que para los ordenadores.

- ▼ Tener más copias de seguridad de los datos almacenados en otras plataformas o dispositivos. En caso de cierre o cese de funcionamiento (como pasó hace unos años con MegaUpload), los usuarios pueden perder todo lo almacenado.

▶ Comprobar en los ajustes de la cuenta los dispositivos que hay vinculados a ella. En caso de encontrarnos algún "intruso", podremos descubrirlo y desvincularlo.

Estos consejos son válidos para cualquier aplicación de almacenamiento en la nube que utilicemos, pero si todavía no tenemos ninguna y vamos a abrirla, se recomienda utilizar plataformas como Spideroak o Tresorit, que están consideradas como las más seguras en este sentido por ofrecer al usuario la opción de cifrar él mismo con su clave la información que va a subir. El espacio de almacenamiento que ofrecen de forma gratuita puede ser más limitado que el de sus competidores, pero en versiones de pago se adaptan a todas las necesidades, y aunque haya que pagar un poco, la seguridad de nuestra información lo merece.

RECUERDA
La seguridad de nuestra información en la nube no siempre está garantizada, así que deberemos ser nosotros quién nos preocupemos más de ella poniendo las medidas que tenemos a nuestro alcance.

CASO 23.
LA CONSULTA PÚBLICA. VIDEOCONFERENCIAS SEGURAS

¿LO HARÍAS?
Hace unos días me hicieron unos análisis para comprobar si tengo una rara enfermedad, y hoy tengo cita con el médico para que me dé su diagnóstico. Estoy sentado en la sala de espera, el doctor va con retraso y está totalmente llena de gente que no conozco. De repente se abre la puerta de la consulta, es mi turno, pero en vez de entrar yo, el médico es el que sale, y para ir ganando tiempo, nos va a ir diciendo los resultados de las analíticas a cada uno allí mismo.

En un espacio como puede ser la consulta de un médico, donde la información a tratar es de carácter personal, a nadie le hace gracia que cualquiera de los que están allí tenga acceso a las conversaciones que deberían tratarse de modo privado. No tiene sentido que el doctor me diga lo que padezco delante de gente que ni tan siquiera conozco. Exigimos la privacidad que nos corresponde.

Si nos trasladamos al ámbito digital, este tipo de conversaciones privadas las solemos mantener mediante el uso de las videoconferencias, que nos permiten hablar con personas a miles de kilómetros de distancia con solo tener un ordenador con acceso a Internet.

Figura 2.34. Las videoconferencias nos permiten contactar con personas en cualquier parte del mundo

Da igual que se trate de conversaciones personales con amigos o familiares, o de reuniones profesionales teledirigidas, en cualquiera de los casos esperamos tener una intimidad que nos asegure que nadie más va a tener acceso a la información que tratemos.

La opción que mayor seguridad nos va a ofrecer en este sentido es la *videoconferencia privada*, la cual utiliza su propia red y un equipamiento fijo, pero su alto precio y la rigidez que conlleva únicamente poder realizar la teleconferencia desde el lugar donde está instalado el *hardware* (normalmente salas de reuniones), hacen que esta tecnología sea empleada casi en exclusiva por las grandes empresas.

El usuario de a pie, por lo tanto, se ve obligado a recurrir a las soluciones de *videoconferencia en la nube* que tiene disponibles en la red, con precios mucho más baratos (incluso gratuitos en muchos casos) y con la ventaja de poder tener multiparticipantes, ya que cualquier persona con un ordenador, una tableta o un *smartphone* pueden acceder a estos vídeo chats.

Sin ningún atisbo de dudas, el rey en este ámbito durante muchos años ha sido (y sigue siendo en la actualidad) Skype, pero ¿es realmente seguro el uso de este producto en nuestros equipos?

Sus desarrolladores siempre han presumido de tener un *software* impenetrable, en el que se combinan el cifrado de las conversaciones, la emisión de certificados digitales y el uso de credenciales de autenticación, y en honor a la verdad (aunque ningún sistema se pueda calificar como irrompible) ofrecían una opción muy segura.

Pero en 2011 Microsoft compró Skype y lo integró en sus sistemas operativos, y ahí saltó la voz de alarma. Dentro de sus acuerdos de colaboración con los sistemas de inteligencia norteamericanos, la empresa cambió la política de privacidad de la aplicación (esa que aceptamos sin leer cuando lo instalamos), permitiendo el *Escaneado automático de mensajes* con el fin, siempre según Microsoft, de evitar fraudes y *spam*.

¿Y esto qué quiere decir? Pues que aceptamos que parte de nuestras conversaciones puedan ser interceptadas por el propietario del *software*, aunque no podemos saber ni cuándo lo hacen, ni qué uso hacen de ellas posteriormente.

"Bueno, pero no pasa nada, las conversaciones están cifradas ¿no?, no van a tener acceso a lo que estamos transmitiendo". Recuerda quién es el que cifra esa información. No es un proceso que hagas tú de forma autónoma, es un proceso automático que realiza el propio programa, y recordemos que, si son ellos los que encriptan, pueden desencriptar sin ningún problema cuando lo necesiten.

Como medida de seguridad, yo recomendaría sustituir el uso de esta herramienta por el de otras de código libre y que sí parece que salvaguardan mucho más nuestra privacidad, como puede ser el caso de Cryptocat, Jitsi o el proyecto TOX, que se encuentra en desarrollo pero promete ofrecer en poco tiempo una alternativa segura al software de Microsoft.

RECUERDA

Ten mucho cuidado con las conversaciones que tratas a través de videoconferencias, pueden estar siendo escuchadas por alguien sin que tú lo sepas. Procura utilizar siempre las herramientas que te ofrezcan mayor seguridad para tu privacidad.

CASO 24.
EL COCHE EN MARCHA. APÁGALO SI NO LO USAS

> **¿LO HARÍAS?**
> Me encanta mi coche nuevo. Llevo ahorrando mucho tiempo y por fin es mío. Me lo entregaron hace un par de semanas y desde entonces ni lo he apagado, porque me da miedo que al volverlo a arrancar se estropee. Lo mejor es dejarlo abierto y con el contacto, así evito problemas.

Ni hablar, cuando no lo use yo, el coche se queda bien apagado, cerrado y, a poder ser, en un garaje a buen recaudo, que para eso he sido yo el que lo he pagado. No voy a permitir que alguien pueda cogerlo y usarlo a su antojo cuando yo no me dé cuenta.

En el Caso 9 aprendimos la importancia de no dejar que nos roben nuestra wifi; más allá de la pérdida de velocidad que podemos sufrir al haber alguien más utilizándola a la vez, podemos encontrarnos con otros problemas añadidos que deseamos evitar.

¿Has modificado ya los valores predeterminados de tu *router* según lo explicado en el Anexo III? Si es así, perfecto, ya le has puesto una piedra en el camino a quien quiera romper tus credenciales para aprovecharse de tu línea, pero ¿sabes cómo no lo va a poder hacer de ninguna forma?, simplemente apagando el aparato cuando no lo vayas a estar utilizando. No existen noticias de ningún ciberdelincuente que haya sido capaz de hackear un *router* estando apagado.

Cuando nos vamos de casa, nos preocupamos de apagar la televisión, las luces, la radio o cualquier otro electrodoméstico que no vaya a cumplir una función durante ese tiempo. Pero parece que se nos olvida que ese aparatito que nos colocó el técnico cuando nos vino a instalar la línea es uno más del que nos debemos ocupar. Y no solo porque nos vaya a estar consumiendo electricidad para nada, que también, sino porque estamos dejando la puerta abierta a cualquiera que quiera intentar entrar en él, como la del coche que no cerramos.

De la misma forma es conveniente no dejar nuestros ordenadores encendidos con las conexiones inalámbricas que tenga (wifi, *bluetooth*) activadas, ya que alguien puede conseguir entrar en nuestros equipos a través de ellas.

> **RECUERDA**
> Apaga el router y las conexiones inalámbricas de tus ordenadores cuando no las vayas a utilizar durante un tiempo, así evitarás que un intruso pueda colarse por ellas cuando no te des cuenta.

CASO 25.
LA ESTAMPITA. DELITOS EN LA RED

> **¿LO HARÍAS?**
> Voy por la calle y me encuentro con dos personas, una de ellas tiene una bolsa llena de billetes que dice que son estampitas y la otra me anima a que entre los dos se la compremos por un precio mucho menor del que hay en el interior de dicha bolsa. No lo dudo ni por un instante, corro al primer cajero que veo para sacar la cantidad que me piden y se la doy al segundo tipo esperando recoger mi suculento bote.

Lo que acabas de leer es, a grandes rasgos, el funcionamiento del famoso timo de la estampita, de sobra conocido por todos e, incluso, llevado al cine en más de una ocasión. No nos la van a jugar, no entregamos ni un solo euro a estos estafadores que únicamente viven aprovechándose de la avaricia innata en el ser humano.

Pero de la misma forma que nosotros sabemos que esto es una estafa, estos embaucadores profesionales son conscientes del conocimiento generalizado que la población tiene sobre los timos clásicos y se esfuerzan por conseguir nuevas estrategias para seguir robando a la gente; y como no podía ser de otra manera, se mantienen a la última en las nuevas tecnologías, donde en los últimos años han encontrado un lugar idóneo para realizar sus fechorías.

Figura 2.35. Noticia extraída de la web netnoticias.mx

El anonimato que puede proporcionarles la red, unido al hecho de poder actuar sobre multitud de objetivos al mismo tiempo aunque los separen un buen puñado de kilómetros, han hecho que el engaño tradicional se haya trasladado a Internet, donde cada día son estafados miles de usuarios incautos por cibercriminales sin escrúpulos. Debemos estar siempre alerta de los peligros a los que estamos expuestos en la nube, de la misma forma que lo estamos cuando salimos a la calle.

Los delitos más frecuentes que se pueden cometer a través del ciberespacio se pueden clasificar en:

- ▼ **Delitos contra menores.** Se estudiará más en profundidad en el siguiente caso.
- ▼ **Delitos contra la dignidad y el honor.** Difamación y propagación de contenidos no adecuados que inciten a la violencia, al suicidio, a trastornos alimenticios.
- ▼ **Estafas económicas.** Que atentan contra los bienes de los usuarios.
- ▼ **Delitos contra la protección de los datos.** Tanto los datos personales de las personas como los contenidos en sistemas.
- ▼ **Delitos contra la seguridad nacional.** Relacionados con el terrorismo y el tráfico de drogas principalmente.
- ▼ **Delitos contra la propiedad intelectual.** Distribución de obras registradas de forma ilegal.

De todos los delitos que nos podemos encontrar, sin lugar a dudas el más extendido es el de las estafas económicas. A diario se dan multitud de casos en todo el mundo que así lo demuestran.

Figura 2.36. Noticia extraída de la web www.silicon.es

¿Y cómo se las apaña un cibercriminal para estafarnos? Lo primero que necesita es recabar información sobre su posible víctima, y para ello se basa en dos principios básicos que todo delincuente de la red conoce: el eslabón más débil en la cadena de la seguridad es el propio usuario, y todas las personas son manipulables de alguna forma. Estas dos ideas unidas en la mente del estafador nos conducen directamente a un nuevo concepto: la ingeniería social.

¿Qué se entiende por ingeniería social? Muy fácil, es el arte de conseguir, mediante manipulaciones y engaños, que un usuario nos facilite la información que necesitamos para cometer nuestras acciones delictivas.

La primera reacción del usuario ante este concepto siempre es la misma: "*¿cómo va a pasarme eso a mí?, no voy a darle ese tipo de información a nadie nunca, así que yo estoy tranquilo*". Pero no debemos olvidar que los tipos contra los que nos enfrentamos son auténticos profesionales de la mentira, y que van a buscar los métodos más sofisticados para engañarnos.

Kevin Mitnick, uno de los grandes gurús de la ingeniería social, basa el funcionamiento de la misma en cuatro características propias del ser humano:

- Todo el mundo quiere ayudar.
- La primera intención de cada persona es siempre fiarse de su interlocutor.
- A nadie le gusta decir que no.
- A todo el mundo le gusta que le adulen.

Si unimos estas cuatro reglas con un atacante que posea ciertas dotes de habilidad social obtenemos el cóctel perfecto para engañar a cualquier persona.

La única herramienta de la que disponemos para protegernos de estos ataques es la concienciación sobre la importancia de mantener salvaguardada nuestra información; y para ello resulta básico estar informados sobre los peligros, por lo que vamos a ver algunos ejemplos de las estafas más extendidas en la red:

- *Phising*. Básicamente es el robo de datos personales (datos bancarios, tarjetas, contraseñas) mediante ingeniería social para después emplearlos a su antojo. Se suelen presentar en forma de correos (*spam*) donde nos informan de haber ganado algún sorteo o premio de lotería en los que ni siquiera habíamos participado y nos piden nuestros datos para poder cobrarlo. Un poco extraño ¿no?

- Estafas nigerianas. Se llaman así porque en aquel país fue donde comenzó su difusión. Recibes un correo de una chica que dice ser rica, pero que está atrapada en un país donde no tiene acceso a su fortuna, y te promete muchísimo dinero si tú le envías una transferencia con una cantidad mucho menor para poder salir de allí. Una chica rica, de otro país, que no conoces de nada, justo va a escribirte a ti entre todos los millones de usuarios de Internet para ofrecerte mucho dinero… Cuanto menos suena sospechoso.

- ▼ Compra/venta *online*. Muchas de las estafas en el ciberespacio ocurren mediante engaños en este tipo de compras. Ya aprendimos en el Caso 18 cómo debemos protegernos de este tipo de peligro.

- ▼ Falsas ofertas de trabajo. Con la crisis y la necesidad de trabajar de mucha gente, ha aflorado este tipo de estafas, en las que al posible trabajador se le solicita una cantidad (normalmente pequeña) de dinero para poder optar a la entrevista o para enviarle a su casa el material que necesita para empezar a trabajar. Obviamente, una vez enviado el dinero, no volverás a recibir noticias del futuro empleador, ya que la oferta de trabajo en realidad ni existe.

- ▼ Mulas. Normalmente llegan mediante correos electrónicos donde nos ofrecen unos buenos ingresos de forma inmediata. Su funcionamiento es el siguiente; a ti te ingresan en tu cuenta 5.000 euros, tú te quedas con 1.000 y los otros 4.000 los debes enviar a una cuenta en el extranjero. El proceso es fácil y tú no tienes riesgos de que te roben, ya que son ellos los que te ingresan el dinero. El problema viene cuando se presenta la Guardia Civil en tu casa para detenerte porque, sin darte cuenta, te acabas de convertir en un eslabón de una cadena de blanqueo de capitales con todas las transacciones a tu nombre. Nadie va a regalarte dinero por un trabajo tan básico que podría hacer él mismo, salvo que sea por una acción constitutiva de delito.

- ▼ Citas por Internet. La páginas de citas en la red son otras de las que han vivido un importante auge en los últimos tiempos, y los ciberdelincuentes no las iban a dejar escapar. Conoces a alguien a través de la red, empezáis a hablar, y en poco tiempo os gustáis y queréis conoceros. La otra persona vive en otro país y organiza un viaje para venir a conocerte. Pero justo cuando va a llegar el día, tiene algún problema y necesita una cantidad de dinero para poder solucionarlo, y que tú, con las ganas que has acumulado de estar juntos, le envías. Este proceso se puede repetir de forma indefinida hasta que te canses o te des cuenta de que te están timando, pero para entonces ya habrás perdido todo lo que le hayas enviado con anterioridad.

Estos son algunos de los ejemplos que se han registrado con mayor asiduidad en Internet, pero no quiere decir que sean los únicos, ni mucho menos. Lógicamente, ante su mayor conocimiento por parte de las autoridades y los usuarios, los cibercriminales ingenian cada día nuevas técnicas de estafa que comienzan a circular y ante las que debemos ser precavidos.

La mejor medida de seguridad que podemos poner en práctica para evitar ser objeto de estas o de otras estafas que circulen por la red es nuestra propia opinión crítica y no arriesgar nuestro dinero con lo primero que se nos presente. Sospecha de todo aquello que no tenga mucho sentido (premios de sorteos en los que no has participado, personas que desean conocerte sin saber de dónde han salido, promesas de ganar grandes cantidades de dinero de la noche a la mañana), y si tienes dudas, siempre te queda la opción de acudir a los buscadores de Internet y obtener información de otras fuentes, ya que en la red es donde primero se da la voz de alarma cada vez que se detecta una nueva estafa.

> **RECUERDA**
> No confíes ciegamente en cualquier oferta que encuentres por Internet, detrás de ella puede haber un ciberdelincuente esperando a estafarte. Usa siempre el sentido común, y ante cualquier duda consulta en Internet sobre la veracidad de lo ofrecido.

CASO 26.
HIJO, HAZ LO QUE QUIERAS. PROTECCIÓN DE MENORES EN LA RED

> **¿LO HARÍAS?**
> Soy un padre permisivo y siempre he intentado darles a mis hijos toda la libertad que han querido. Me preocupa que les pase algo, obviamente, pero les dejo que sean ellos mismos los que tomen sus decisiones y hagan en cada momento lo que crean conveniente; no quiero que piensen que soy un pesado que está todo el día diciéndoles lo que deben hacer. Seguro que con el paso de los años me lo agradecen, aunque a costa de esto hayan estado expuestos a muchos más peligros por no haberles advertido de ellos.

Cualquier padre que se imagine este supuesto se estremecería al pensar lo que les podría llegar a pasar a sus pequeños. Nuestros hijos deben ser capaces de enfrentarse por sí mismos a los peligros que les acechan en su vida cotidiana, pero la labor de los progenitores en este caso es educarles, en la medida de lo posible, para que sepan a qué se pueden enfrentar y dotarles de las herramientas necesarias para hacerlo de la mejor manera posible.

En los últimos años, el desarrollo de las nuevas tecnologías ha modificado el estilo y la forma de vida de todos, y como no podía ser de otra forma, también el de los menores. Antes los niños se divertían en la calle, jugando con los amigos, y los padres estaban pendientes de lo que podía pasarles fuera de casa. En la actualidad, las relaciones de nuestros hijos se han digitalizado, y pasan muchas más horas dentro del hogar conectados a Internet y a sus redes sociales que jugando al aire libre, lo que ha creado en los padres una falsa sensación de seguridad al tenerlos dentro de su habitación.

Es cierto que ahora es más difícil que a un niño le roben el balón o el dinero de la merienda, o que se acerque a él en el parque un pederasta que pretenda raptarlo (aunque se sigan dando casos). "Está en casa, conmigo, ¿qué puede pasarle aquí?" se repiten los padres una y otra vez, sin ser conscientes de los riesgos que sufren sus hijos a través de la red cada minuto que están conectados a ella.

Nuestra labor como adultos es educarlos e informarles acerca de los peligros que pueden encontrarse navegando, que sepan identificarlos y estar prevenidos para, si llegan hasta ellos, poder hacerles frente y combatirlos.

Ya no basta con que sepan que no deben hablar con desconocidos por la calle, o que no deben irse con extraños, como ha sucedido toda la vida. Internet ha cambiado la forma en la que se presentan los delincuentes, aunque su fondo sigue siendo el mismo, y ahí nos vamos a encontrar con un problema inicial.

Los jóvenes y los menores de hoy en día han nacido con las nuevas tecnologías bajo el brazo, forman parte de su vida desde que tienen memoria, y las conocen a la perfección, en muchos casos mejor que los adultos, por lo que los padres se ven incapaces de enseñar nada en este ámbito. La primera obligación que debemos marcarnos es tener un conocimiento, tanto de Internet como de sus servicios, por lo menos igual que nuestros hijos para, de esta forma, poder hablar con ellos en su mismo idioma. Y una vez que estemos preparados vamos a ponernos manos a la obra.

En ningún momento vamos a buscar la prohibición de Internet para nuestros hijos. Sus amigos con toda seguridad van a estar conectados a través de la red, y con esto lo único que conseguiríamos sería aislarlos de sus amistades.

Internet no es algo malo en sí; al contrario, es una herramienta que puede ser maravillosa si se usa con precaución, por lo que debemos educar en este sentido al menor y, sobre todo, ofrecerle un diálogo claro y abierto sobre su uso, que conozca qué puede hacer y qué debe evitar en la red; y si tiene algún problema, que sepa que puede contar con nosotros para solucionarlo. En muchos casos, el miedo a las represalias o la vergüenza les lleva a ocultar lo que les está pasando, y cuando los padres se enteran puede ser demasiado tarde.

Como decíamos, para poder formar a los jóvenes y a los menores, lo primero que debemos hacer es conocer nosotros en primer lugar los peligros que navegan por la red. Los principales se pueden dividir en:

- Acceso a contenidos no apropiados. Es increíblemente fácil cómo un niño, con unos pocos clics de ratón, puede llegar desde páginas de dibujos animados a páginas con contenidos sexuales, violentos, y un largo etcétera de contenidos que no deberían estar a su alcance. Aunque las propias webs no ofrezcan enlaces a este tipo de páginas, los *banners* de publicidad que se muestran en ellas los hacen accesibles casi sin querer para los usuarios.

- *Grooming*: se conoce con este nombre a las prácticas que utilizan los pederastas para contactar y engañar a los menores. El uso extensivo de la red les ha proporcionado un anonimato que antes no tenían, y ha modificado su *modus operandi*. Frecuentan los sitios web más populares entre los menores (juegos, redes sociales, chats), y se hacen pasar por uno de ellos para ganarse su confianza y conseguir material de contenido sexual de los mismos, pudiendo, en el peor de los casos, utilizar dicho contenido para extorsionar a la víctima y conseguir encuentros sexuales.

- *Sexting*: envío de imágenes o vídeos eróticos de uno mismo, o difusión de los recibidos. Esta práctica, muy habitual entre los jóvenes de hoy en día, se suele realizar dentro de la confianza de una relación. El problema viene cuando dicha relación termina y ese contenido puede ser difundido por la red sin ningún control por parte de la víctima. Recordemos que cuando subimos algo a la red, perdemos por completo su control, y no sabemos dónde puede acabar.

- Ciberbullying: o acoso a través de Internet. Se basa en la difusión de información lesiva o difamatoria de cualquier persona mediante formato electrónico. Está muy extendido en el ámbito escolar debido a la falsa sensación de anonimato e impunidad que tienen los agresores.

> **SOCIEDAD**
>
> Inicio   Sociedad
>
> # Trece detenidos por producir y distribuir archivos pedófilos en internet
>
> ■ Cada usuario poseía un perfil en internet

Figura 2.37. Noticia extraída de la página web del diario La Razón

Vale, conocemos los peligros a los que nuestros hijos pueden estar sometidos en la red, pero ¿qué hacemos ahora para luchar contra ellos?

Existen una serie de medidas que nos pueden ayudar (instalar el ordenador en una habitación de uso común en la casa, un control sobre los horarios de uso de Internet), pero como vengo repitiendo desde el inicio del caso, el punto fundamental es la educación del menor en este sentido. Debe conocer estos riesgos, saber identificarlos y, si se encuentra con alguno de ellos, comunicárnoslo automáticamente para que seamos nosotros quienes lo denunciemos donde corresponda.

Aun así, de nuevo los desarrolladores de *software* nos ofrecen una ayuda en forma de herramientas sobre la que nos podemos apoyar para esta labor: el control parental.

¿Qué es el control parental? Son programas de ordenador que bloquean, controlan o registran la actividad que hace un tipo de usuarios (en este caso los menores) de aplicaciones, navegación por la red y sus comunicaciones.

El concepto de control parental no pretende convertirse en un espionaje hacia la actividad del menor en la red, sino en una supervisión de la misma por parte de algún adulto. Se debe usar como apoyo a la educación que debemos dar al niño, y que no sea visto como un método de recorte de sus libertades.

En este tipo de *software* pueden configurarse opciones como el control horario que hace cada usuario del ordenador y de Internet; los contenidos por categorías que serán bloqueados en páginas web; controlar y alertar de posibles casos de acoso a través de chats, redes sociales o juegos *online*; los privilegios que tiene cada usuario dentro del sistema (los menores no deberían trabajar como usuarios administradores del sistema, sino hacerlo con usuarios con privilegios limitados)

Los navegadores actuales más extendidos ya incorporan la funcionalidad del control parental para el filtrado de contenidos durante la navegación web, pero si queremos, podemos optar por instalar en nuestros equipos un *software* más específico que nos proporcione muchas más funcionalidades. Aplicaciones como Kidbox, Qustodio o Norton Online Family son gratuitas, multiplataforma y nos van a ofrecer muchas más opciones de supervisión que las anteriores.

Hasta ahora únicamente hemos visto a los menores como posibles víctimas de los ataques que pueden producirse en la red hacia ellos, pero no podemos dejar de lado la posibilidad de que sean estos los que cometen el delito.

Y digo delito sí, con todas sus letras, porque entre ellos (y entre muchos adultos también) existe la falsa creencia de que por ser menores no van a ser responsables penalmente de sus actos, cuando ésta es una afirmación errónea.

Esto, unido a la falsa sensación de anonimato que proporciona la red, hace que muchos jóvenes sean los responsables de casos de acoso escolar, acoso sexual o daños contra la dignidad personal de otros menores, pensando que nadie va a llegar hasta ellos; y si lo hacen, por ser menores no van a tener consecuencias.

La nueva legislación en este sentido marca que los menores de entre 14 y 18 años son plenamente responsables de los delitos que puedan cometer a través de Internet, por lo que nuestra labor como padres no debe quedarse solo en enseñarles a protegerse, sino educarles también sobre cómo deben comportarse en sus relaciones con los demás en el ciberespacio, al igual que hacemos en sus relaciones personales de la vida real.

Figura 2.38. Noticia extraída de la web del diario La Vanguardia

Todo esto no es más que un pequeño acercamiento a la seguridad de nuestros hijos en la red, pero no debemos quedarnos aquí. Los educadores tenemos la obligación de formarnos de manera continua para conocer las nuevas formas en la que se pueden presentar los peligros de Internet, por lo que recomiendo encarecidamente visitar periódicamente webs que aborden estos temas. Aquí dejo dos de estas direcciones que os pueden servir de ayuda, pero no dudéis nunca en buscar todo lo que necesitéis:

http://control-parental.es
http://www.protecciondemenores.org

RECUERDA

Al igual que lo hacemos en la vida real, debemos informar a los menores sobre los peligros que les acechan en Internet para que puedan enfrentarse a ellos. La educación, el diálogo y el control parental son las herramientas más efectivas de las que disponemos para realizar esta labor de forma efectiva.

CASO 27.
LA PUBLICIDAD EN EL BUZÓN. CORREOS MASIVOS (SPAM)

¿LO HARÍAS?

Cada día al llegar a casa del trabajo abro el buzón para ver mi correspondencia. Cartas del banco, facturas y publicidad, mucha publicidad. De vez en cuando me llegan cartas de alguna empresa o de algún banco con los cuales no he tenido nunca relación, informándome de que me ha tocado un premio y pidiéndome mis datos personales para hacérmelo llegar. Un premio para mí, que nunca me ha tocado nada; así que, cada vez que tengo una oportunidad como ésta, envío todo lo que me piden y espero a que llegue mi recompensa.

Nos sentamos a esperar nuestra sorpresa, pero lo más normal en ese caso es que, en lugar de un cheque o un viaje por las Islas Vírgenes, recibamos una notificación de nuestro banco por tener la cuenta en números rojos o, en el peor de los casos, una visita de la Guardia Civil porque se supone que hemos cometido algún delito desde nuestro ordenador.

En el Caso 13 ya aprendimos la importancia que tiene tratar de forma adecuada nuestra información sensible en Internet. No debemos ir dando nuestros datos al primero que nos los pida. Aunque aparentemente no suponga ningún peligro, es mejor ser desconfiado de primeras y comprobar la veracidad de lo que nos están contando.

Una de las formas que usan más habitualmente los ciberdelincuentes para obtener información sobre sus posibles víctimas o propagar *malware* es el correo electrónico, empleando técnicas de *spam* para ello.

Y ¿qué es el *spam*?, pues básicamente es el envío de correos electrónicos no deseados por el destinatario que se envían a grupos de usuarios de forma masiva. Generalmente son simples correos publicitarios, que no revisten peligro en sí mismos, salvo la pérdida de tiempo en tener que revisarlos y borrarlos, pero también podemos encontrarnos con correos de este tipo que buscan que descarguemos algún *software* malicioso o que, mediante técnicas de *phising* y de ingeniería social, le proporcionemos al remitente información personal (especialmente bancaria) para estafarnos posteriormente.

Se calcula que actualmente en torno al 80% del tráfico total de correos electrónicos en la red se debe al *spam*, con lo cual podemos hacernos una idea de la importancia que tiene saber identificar este tipo de correspondencia y estar preparados para actuar frente a ella.

Vamos por pasos. En primer lugar, ¿cómo puedo saber yo si un correo es real o no? Debemos seguir unas normas básicas para detectar correos fraudulentos:

- ▼ Desconfía siempre de *mails* de destinatarios no conocidos. Si no los conoces ni has solicitado nada de ellos, lo normal es que te hayan llegado a través de envíos masivos a listas de direcciones, por lo que lo mejor va a ser ignorarlos.

- ▼ Aunque conozcas al remitente, si el correo te parece extraño, óbvialo también, o por lo menos intenta contactar con esa persona para comprobar la veracidad del envío. Determinado *software* puede enviar de forma automática mensajes a la lista de contactos de un usuario que ha sido infectado para intentar propagarse.

- ▼ Si el texto está en un idioma distinto al tuyo, o si, aunque sea el mismo idioma, está mal escrito (fallos gramaticales y ortográficos mayoritariamente), lo más probable es que provenga de otros países buscando víctimas para alguna estafa.

▼ Si el atacante quiere robarnos nuestros datos suplantando la identidad de un banco o de una empresa, procurará que tanto el correo como la página donde nos dirija sean lo más parecido posible a los reales. En este caso va a ser más difícil identificarlo como correo fraudulento, pero tenemos herramientas para estar seguros. Podemos comprobar los enlaces a los que nos dirige con páginas (como ya aprendimos en el Caso 21). Debemos tener en cuenta que nuestro banco no nos va a pedir nunca ni por correo electrónico ni por teléfono datos como los de nuestra tarjeta de crédito. Si esto sucede, debemos desconfiar, incluso llamar al teléfono de información de la entidad para estar más seguros de lo que hacer.

▼ Si aún con todo esto no tenemos claro si el correo es o no de confianza, lo mejor siempre es ser precavido y borrarlo antes que correr cualquier riesgo para nuestra seguridad digital.

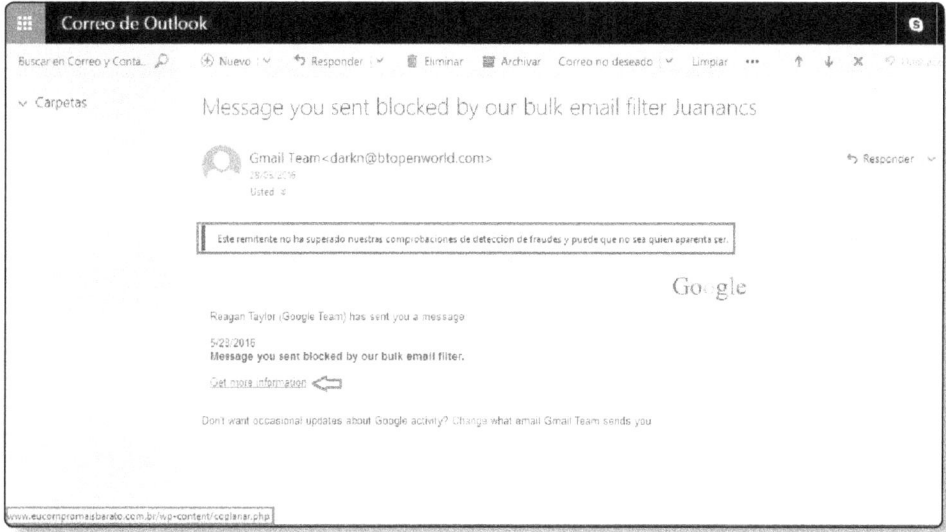

Figura 2.39. Ejemplo de correo fraudulento haciéndose pasar por el equipo de GMail

Bien, ya tenemos identificados nuestros correos *spam*, ¿qué hacemos para luchar contra ellos? La mejor opción es siempre eliminar el mensaje sin abrirlo y, por supuesto, no reenviarlo nunca a nuestros contactos.

También podemos tomar medidas para evitar que nos lleguen muchos de estos correos. La práctica totalidad de gestores de correo incorporan un filtro *antispam* que deja en una bandeja aparte todo lo que sea detectado como malicioso (suele llamarse *Correo no deseado* o algún nombre similar a este). Si todavía queremos aumentar la eficiencia en esta labor, podemos recurrir a aplicaciones *software* de este tipo que nos ofrece el mercado para que trabaje de forma conjunta con el propio gestor.

Otras buenas prácticas pueden ser bloquear aquellas direcciones que hayamos detectado como remitentes de *spam*, de modo que no permitamos que entre en nuestro buzón ningún mensaje que provenga de ellas, o tener varias cuentas de correo electrónico para evitar dar en páginas de poca confianza aquella dirección que usamos para los asuntos más serios y personales.

Por último, también debemos tener mucha precaución al recibir correos que nos instan a instalar un software determinado haciéndolo pasar por una actualización de algún programa que tenemos instalado. Los desarrolladores nunca mandan sus parches a través del correo, por lo que lo más probable es que se trate de algún malware que nos quiere infectar.

RECUERDA
La mayor parte de los correos que se envían hoy en día son spam. Desconfía de todos aquellos correos de remitentes desconocidos. Utiliza filtros antispam y asegúrate de que son mensajes lícitos antes de hacer nada con ellos. Sé prudente y nunca des tu información a través de correos.

CASO 28.
TE MANDO AL TIMADOR. SALVAGUARDAR LAS CUENTAS DE CORREO

¿LO HARÍAS?
Esta mañana ha venido a mi casa un hombre muy simpático que ha empezado a contarme una historia de un niño enfermo para el que pedía dinero. Al final le he dado 100 euros a ver si puedo ayudar a la curación del pobre chico. Después he buscado por Internet este caso y no he encontrado nada al respecto, para mí que me ha engañado. De todas formas le he dado la dirección de toda mi familia para que vaya a verlos a ver si ellos quieren colaborar también, por si acaso fuera verdad.

Si alguna vez nos damos cuenta de que alguien nos intenta estafar, o si desafortunadamente lo ha hecho ya, lo último que se nos ocurre es poner en peligro a nuestros amigos y familiares. Lo normal es que se lo contemos a todos ellos para que, si se ven en la misma situación en la que me he visto yo, sepan de entrada que les intentan engañar y no caigan en la misma trampa.

Bajo ningún concepto le voy a dar a esa persona la dirección del domicilio de mis padres, mis hermanos, mis hijos o mis amigos. Esta información debo mantenerla en secreto y que solo la conozcan aquellas personas autorizadas para ello.

Pero cuando la dirección de la que hablamos no es la física, sino la del correo electrónico, no tenemos ningún problema en propagarla sin ton ni son, a veces incluso sin ser conscientes de estar haciéndolo. No tenemos la sensación de correr ningún peligro porque se sepa ésta, y en muchos casos no ponemos las medidas de seguridad necesarias sobre ella.

Si has ido prestando atención al desarrollo de los casos anteriores, ya serás un poco consciente de la importancia de mantener nuestros datos en secreto. Ya no das tu dirección de correo así como así, pero si cuando te llegan esos mensajes en cadena de algún contacto pidiendo compartirlo para encontrar la cura de un niño de 10 años en algún pueblo perdido en los Estados Unidos, se los reenvías a tus contactos con la esperanza de que el pobre pueda ser tratado, estás poniendo en peligro a todos ellos.

Los cibercriminales se dedican a recolectar cuentas activas en la red, es decir, cuentas que existen y que son utilizadas con cierta asiduidad por el usuario. Esta información vale dinero, tanto para empresas de publicidad que utilizan estas bases de datos para dirigir sus campañas, como para otros ciberdelincuentes que encuentran en ellas posibles víctimas para sus futuros ataques.

Una de las técnicas más extendidas para conseguir estas direcciones es el envío de correos en cadena. Alguien inicia una de estas cadenas con un mensaje sobre un premio, un niño enfermo (llamados HOAX), el aviso de que Hotmail va a comenzar a cobrar por el servicio, la petición de la libertad de la orca asesina o lo primero que se le ocurra que puede llamar la atención, y se envía pidiendo que se distribuya. A ti te llega, no ves el peligro y le haces caso, y lo envías a todos tus contactos, y de estos a todos los suyos Al final, el número de contactos a los que se les envía se multiplica de forma exponencial, una auténtica mina de oro para el recolector, ya que de envío en envío, si simplemente damos a reenviar el correo, las direcciones de toda la cadena van quedando visibles en el mensaje para cualquiera que quiera guardarlas.

Figura 2.40. Noticia extraída de la web levante-emv

La mejor forma (y la más fácil) que tenemos para combatir estas prácticas es directamente borrar estos correos y no reenviarlos a nadie; en definitiva romper la cadena. Así evitaremos que las direcciones de nuestros contactos se vean comprometidas y que identifiquen la nuestra como activa.

Si llegado el caso, consideramos que el mensaje es digno de ser enviado de nuevo, deberemos tener en cuenta dos detalles para no propagar las direcciones de los remitentes:

▼ No lo hagas directamente a través de reenviar. Copia el mensaje y pégalo en uno nuevo. De esta forma eliminarás todas las direcciones anteriores que haya en él. Obviamente deberemos copiar únicamente el texto del mensaje que queremos mandar, y no los correos que aparezcan.

▼ Las direcciones de tus contactos no las escribas en los campos del *Para* ni del *Copia*, sino en *Copia oculta* (suele venir con las siglas CCO). Así, aunque se lo mandes a mucha gente, sus correos no estarán visibles para el resto de destinatarios ni para ninguna futura mirada indiscreta.

Si todos seguimos estos sencillos pasos, evitaremos la distribución indiscriminada y no autorizada de nuestra información, y con ello, posibles problemas futuros.

RECUERDA

Muchos correos en cadena buscan recolectar direcciones activas de mails y propagar malware. No reenvíes estos mensajes a tus contactos y, si lo haces, pon sus direcciones como copia oculta para no hacerlas públicas a cualquiera.

2.4 ENTORNOS MÓVILES

CASO 29.
LA SEGUNDA VIVIENDA. DISPOSITIVOS MÓVILES

> **¿LO HARÍAS?**
> Tengo dos casas, una en la que vivo normalmente, y otra en la playa a la que vamos a pasar las vacaciones y algunos fines de semana. Conozco la importancia de mantener mi casa principal a salvo de los peligros y he tomado todas las medidas que conozco para evitar que pase nada, pero de la casa de la playa no me he ocupado nunca. Es mi casa, sí, pero no la considero tan importante como la otra, así que ni siquiera cierro con llave cuando me voy. No pienso que nadie pueda atacarla.

Todo aquel que tiene una vivienda la protege de todas las formas posibles (cerraduras, alarmas, vigilancia) para evitar que un delincuente pueda entrar en ella. Si en vez de una casa tenemos más, en todas ellas tomamos las precauciones que consideramos oportunas para mantenerlas a salvo. No pensamos que esa casa en el pueblo o en la playa no va a ser objetivo de ladrones porque no es mi vivienda habitual.

En las décadas de los ochenta y los noventa se vivió una auténtica revolución tecnológica al extenderse el uso de ordenadores personales y las conexiones a Internet, y a partir de los años dos mil hemos experimentado la misma tendencia en cuanto a dispositivos móviles se refiere.

El teléfono móvil ha pasado en muy poco tiempo de ser únicamente eso, un aparato con el que poder llamar sin estar en casa, a convertirse en nuestro principal punto de conexión con la red. Casi todo el mundo tiene hoy en día uno de estos dispositivos conectados a Internet, y lo llevamos encima las 24 horas del día.

En definitiva, lo que llevamos en nuestro bolsillo no es un teléfono, sino que en realidad estamos moviéndonos con un mini ordenador desde el que podemos acceder a noticias, enviar correos, chatear con nuestros contactos, o utilizar alguna de los millones de aplicaciones que hay disponibles en el mercado.

Mini, pero un ordenador al fin y al cabo, y como cualquier otro puede ser atacado por cibercriminales. En realidad los peligros de la ciberdelincuencia son mucho mayores sobre estos dispositivos que sobre los ordenadores personales por dos motivos fundamentales: el primero es que está siempre conectado a la red; y el segundo es la falta de concienciación que existe entre los usuarios acerca de la seguridad de la información que debería haber en los mismos.

Teniendo esto en cuenta, parece evidente que debemos implementar en nuestros dispositivos móviles las mismas medidas de seguridad que aplicamos a nuestros ordenadores personales (si no más), pero por el contrario los usuarios tienen mucho menos presente esta necesidad al no percibir riesgos reales sobre ella.

A lo largo de los siguientes casos vamos a introducirnos en los peligros que nos encontramos en el uso de smartphones o tabletas; riesgos que, como veremos, no son muy diferentes a los que ya hemos ido examinando a lo largo de este libro, pero ante los que nos deberemos adaptar debido al nuevo paradigma de movilidad en el que estamos inmersos.

Figura 2.41. La gran conectividad a la red de los dispositivos móviles nos trae consigo nuevos riesgos a nuestra seguridad

El riesgo de pérdida o robo del aparato (debido precisamente a esta movilidad que mencionamos), unido a factores como la gran cantidad de información de carácter personal que almacenamos en ellos, o las múltiples posibilidades de conexiones inalámbricas que incorporan, ponen en serio peligro nuestra privacidad, y tenemos que estar prevenidos y preparados para actuar si somos víctimas de algún ataque sobre ella.

> **RECUERDA**
> Los smartphones y las tabletas son pequeños ordenadores que siempre llevamos encima y que pueden ser atacados como cualquier otro sistema informático, aunque a veces no seamos conscientes de ello. Dale a su seguridad la misma importancia que das a la seguridad de tu ordenador.

CASO 30.
LA PRIMERA LLAVE. BLOQUEO DE PANTALLA

> **¿LO HARÍAS?**
> Estoy concienciado con la seguridad de mi hogar. He dedicado mucho tiempo y mucho dinero en protegerme, con alarmas, sensores, cámaras de seguridad… Yo creo que con todo esto es más que suficiente, así que la puerta de la entrada la he dejado sin cerradura para no depender de llevar la llave siempre encima a la hora de entrar en casa. La protección ya me la proporcionan el resto de sistemas.

Por muchos sistemas que tengamos en nuestra casa para garantizar su seguridad, a nadie se le ocurre prescindir de una puerta con una cerradura que solo abra su llave. Es la primera barrera que se va a encontrar un delincuente que intente entrar en nuestra propiedad, la primera medida disuasoria.

Cuando de dispositivos móviles se trata, esta primera barrera que nos encontramos para acceder a su contenido es el bloqueo de la pantalla y su forma de desbloquearla, a parte del PIN de nuestra tarjeta que debemos introducir cuando se enciende el aparato.

El uso que hacemos de nuestros móviles día a día, hace que debamos realizar esta tarea de manera muy frecuente, y corremos el riesgo de buscar métodos de desbloqueo rápidos y sencillos para que nos resulte más cómodo, poniendo en peligro nuestra seguridad digital.

Todos los que llevamos años usando teléfonos móviles recordaremos aquel famoso *"Pulse la tecla Desbloquear más *"* que incorporaban aquellos primeros dispositivos. En la memoria no se almacenaba más que nuestros contactos y algunos mensajes de texto y no era necesaria mayor seguridad. Pero a medida que los teléfonos se fueron haciendo más inteligentes y nos ofrecían mayores prestaciones, la cantidad de información almacenada y su sensibilidad aumentaron considerablemente, lo que obligó a reforzar estas medidas de seguridad en el acceso a los datos.

En la actualidad todos los sistemas operativos para dispositivos móviles nos ofrecen varias posibilidades para el acceso al contenido de estos. Principalmente podemos dividir estas medidas de seguridad en dos grandes bloques:

- Algo que conocemos, como pueden ser patrones, números PIN o contraseñas.

- Algo que tenemos, a través de detectores biométricos que analizan alguna de nuestras características físicas.

Los primeros son los empleados por un mayor número de usuarios. Su funcionamiento se basa en introducir un patrón de movimiento o una clave que se haya configurado anteriormente, y sin los cuales no se puede acceder al contenido. Es una técnica similar al inicio de sesiones en ordenadores personales mediante una contraseña de usuario.

A pesar de ser las técnicas más extendidas, estas opciones tienen ciertos riesgos sobre los que pocas veces nos paramos a pensar. Tú tienes un patrón en tu móvil para desbloquearlo, ahora piensa la cantidad de veces que lo introduces al cabo del día, en la cantidad de sitios distintos dónde lo haces, ¿en algún momento te preocupas por tapar ese patrón para que alguien que esté a tu lado en el autobús, por ejemplo, no lo pueda ver? No prestamos atención, y esa persona puede haberse aprendido tu patrón o tu clave para después robarte el teléfono y actuar con él a su antojo.

Incluso aunque no nos vean en directo podemos estar en peligro. Cuando pasamos nuestros dedos por la pantalla siempre dejamos algún rastro en ella, por muy limpios que los tengamos. La piel tiene una fina capa de grasa que se va impregnando en la pantalla, y mediante la cual, alguien que vea nuestro móvil a contraluz, puede acabar descubriendo la forma de desbloquearlo sin demasiadas dificultades.

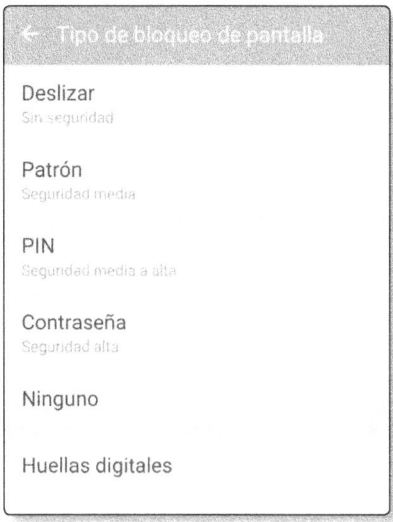

Figura 2.42. Opciones de bloqueo de pantalla que ofrece el sistema operativo Android

Las técnicas del segundo grupo basan su funcionamiento en la lectura mediante sensores de alguna de nuestras características biométricas, es decir, algo que tengamos en nuestro propio cuerpo.

La más conocida por todos, al haber sido implementada en multitud de modelos de las principales marcas en la actualidad, es la lectura de la huella digital. Se trata de un método bastante seguro, aunque también tiene sus debilidades, ya que se han detectado vulnerabilidades debido a fallos en el sistema operativo. Existen aplicaciones que pueden quedar camufladas en segundo plano y guardar los datos de la huella leída, permitiendo a través de ellos el posterior acceso al sistema. No es recomendable tener asociada la huella a validaciones de cuentas bancarias o pagos por Pay-Pal, por el riesgo que suponen. Además se recomienda no usar las huellas de los dedos índice o pulgar, ya que son los que más utilizamos y, por lo tanto, los dedos cuyas huellas son más fáciles de robar.

Otro método que ya se ha implementado ha sido el reconocimiento facial, pero sus resultados no han sido todo lo buenos que se esperaba. Alguien con una foto del dueño del aparato puede desbloquear el dispositivo, incluso una persona con rasgos parecidos puede llegar a conseguirlo. El propio Google desaconseja su uso en aquellos dispositivos que lo incorporan, avisando de que tiene menos nivel de seguridad que el patrón o las claves de desbloqueo.

La última técnica en la que se está trabajando es en el reconocimiento del iris ocular. En principio debería ser la más segura de todas por las características de esta parte del cuerpo, pero habrá que esperar a que esté en funcionamiento para poder llegar a esta conclusión.

En definitiva, no podemos decir que ninguna de las técnicas actuales sea completamente seguras para el usuario, por lo que a pesar de usar alguna de ellas siempre deberemos tener cuidado con quién coge nuestro teléfono.

> **RECUERDA**
>
> El desbloqueo de la pantalla es la primera barrera de seguridad en los dispositivos móviles. Existen diferentes técnicas para esta tarea, pero ninguna es efectiva al 100%, por lo que la mejor medida de prevención será evitar que nuestro aparato caiga en malas manos.

CASO 31.
LOS LADRONES ME PERSIGUEN. SOFTWARE DE PROTECCIÓN

> **¿LO HARÍAS?**
>
> Cuando salgo a la calle sé que hay ladrones que buscan a la gente más incauta que pasea por la ciudad para, en cualquier descuido, hacerse con sus carteras. Todos hemos visto noticias de bandas organizadas en el metro o en zonas de gran acumulación de gente, pero a mí no me preocupa. No tomo ninguna medida de precaución al respecto porque nunca me ha pasado nada y no creo que me vaya a pasar.

Sabemos que cada vez que salimos a la calle estamos expuestos a ciertos peligros, y uno de ellos es toparnos con algún delincuente que quiera robarnos, así que nos preocupamos de ponerles todas las dificultades que podemos para evitar ser una de sus víctimas.

Con la seguridad de nuestros dispositivos móviles nos ocurre algo parecido, están encendidos y conectados a Internet las 24 horas del día en la mayoría de los casos, y como cualquier aparato que está conectado a la red, es susceptible de ser atacado, aunque la mayoría de los usuarios no tengan la misma sensación de peligro con sus móviles que la que tienen con sus ordenadores personales.

Y en cierta parte tienen razón, ya que está demostrado que es mucho más difícil infectar un terminal Android o iOS (éste es incluso mucho menos probable, ya que la mayoría de *malware* que se desarrolla tiene como objetivo el sistema Android) que un ordenador que corra bajo Windows, debido al tipo de arquitectura que usan estos nuevos sistemas operativos. Pero en ningún caso podemos estar plenamente seguros de que no vayamos a ser infectados por algún tipo de *malware*.

Con todo y con esto, los nuevos dispositivos móviles (*smartphones,* tabletas*, smartwatchs…*), cada vez más populares entre la población, no están libres de poder ser atacados. Los primeros casos de *malware* que se conocieron fueron, incluso, anteriores a la aparición en el mercado de los teléfonos inteligentes, propagándose a través de SMS o las conexiones *bluetooth* de los terminales, y en la actualidad existen muchos casos de troyanos que se pueden transmitir mediante la instalación de aplicaciones fraudulentas o de fuentes desconocidas (ver Caso 32), y que nos pueden suscribir a servicios de SMS Premium, por los que tendremos que acabar pagando.

Si tenemos en cuenta la cantidad de información personal que almacenamos en ellos, y la inclusión en los mismos de localizador por GPS y cámaras (nos pueden tener vigilados en todo momento) no es descabellado pensar que instalar un *software* de protección nos puede dar un plus de seguridad que nunca estará de más.

El mercado nos ofrece nuevamente multitud de alternativas a la hora de elegir entre un *software* de seguridad u otro. Avast, AVG o 360 Security para Android, o Lookout, Norton, Avira o McAfee para iOS, son aplicaciones con muy buena reputación. En cualquier caso, teniendo en cuenta la dificultad de infección en estos sistemas y el uso del sentido común en la navegación y la instalación de aplicaciones por parte del usuario, una solución gratuita de entre todas ellas puede ser más que suficiente en casi todos los casos.

Además, la mayoría de estos programas no se quedan en la vigilancia y detección de virus en el dispositivo. Ahora se tiene en cuenta el peligro que supone la movilidad de los aparatos y también incorporan otras funcionalidades como copias de seguridad, borrado de datos de forma remota o localización por GPS, para poder ser utilizados en caso de pérdida o robo del terminal.

Por último, y siempre que podamos, es muy recomendable mantener actualizado el sistema operativo de nuestro móvil, ya que cada nueva versión o parche del mismo soluciona agujeros de seguridad que se han ido encontrando hasta ese momento y cerraremos la puerta a los posibles intrusos.

RECUERDA

Aunque sea más difícil que en los ordenadores personales, los dispositivos móviles también pueden ser víctimas de malware. Ten actualizado tu sistema operativo, instala un software de protección adicional y usa tu sentido común, y estarás fuera de peligro.

CASO 32.
LA EMPRESA FALSA. APLICACIONES FRAUDULENTAS

> **¿LO HARÍAS?**
> Quiero instalar un sistema de alarma nuevo en mi hogar. Para poder decidirme por la empresa que quiero que lo lleve a cabo he estado buscando en Internet información sobre las que se ofertan. Curiosamente he encontrado dos páginas distintas de la misma empresa, pero los servicios y los precios que hay son muy diferentes entre ellas. Bueno, si en su web dicen que son ellos no tengo porqué desconfiar, así que voy a llamarlos porque me ahorro una buena cantidad de dinero.

Que una empresa tenga dos páginas web distintas, y que en cada una de ellas tenga servicios y precios diferentes nos hace desconfiar. Da igual que incluya fotografías, logos o direcciones que nos digan quiénes son, sabemos que cualquiera en su casa puede haber descargado esa información de la web original y haber desarrollado una web nueva en la que se haga pasar por ellos para estafar a sus posibles clientes. Antes de contratar a lo loco a alguien del que no nos fiamos del todo, investigamos todo lo que podemos para no llevarnos sorpresas de mal gusto después.

Un caso parecido a este nos podemos encontrar cuando instalamos aplicaciones en nuestros dispositivos móviles, con consecuencias que (también) pueden llegar a ser bastante graves: desde suscripciones a servicios SMS Premium, a instalaciones de algún *adware* que nos abrume de publicidad o, incluso, de algún *spyware* que revele nuestros datos personales al atacante.

Con la llegada y posterior expansión de los *smartphones*, creció de la misma manera la cantidad de aplicaciones disponibles para estos aparatos. Noticias, gestores de información, juegos. En los principales "mercados" de aplicaciones (principalmente Google Play para sistemas Android y Apple Store para sistemas iOS) podemos encontrar una aplicación para casi todo, pero no siempre aquello que nos prometen es lo que después nos van a proporcionar.

Desde Google Play se realizan diariamente unas 6.000 millones de descargas de aplicaciones, y el propio *market* se encarga de revisar el *software* que está disponible para sus usuarios y retira todo aquel que detecta como malicioso; pero aun así siempre hay casos que se le escapan, por lo que debemos ser nosotros los que hagamos uso del sentido común cuando instalemos algo en nuestro teléfono para evitar males posteriores.

Los principales escenarios en los que podemos vernos en peligro, en cuanto a la instalación de aplicaciones se refiere, se pueden dividir en:

- ▼ Copia de aplicaciones populares: son aplicaciones que copian el nombre y la apariencia de otras, para que el usuario se confunda a la hora de instalarlas. En ocasiones no las copian como tal, sino que ofrecen nuevos servicios de dicha aplicación cuando en realidad su objetivo va a ser otro, como ocurría con el famoso caso del Whatsapp Gold.

- ▼ Aplicaciones milagro: se conocen como tal a aquellos programas que prometen servicios que son imposibles de conseguir, tanto a nivel del propio dispositivo (aceleradores de RAM, aceleradores de conexión a Internet, cargadores de batería manuales, cámaras de rayos X o de visión nocturna), como a nivel del propio *software* (espionaje de conversaciones de Whatsapp, comprobación de quién te ha eliminado de sus contactos en redes sociales…) Si lo que nos ofrecen parece imposible, seguramente no nos lo den.

- ▼ Aplicaciones de fuentes desconocidas: son todas aquellas que se ofrecen fuera de los markets oficiales. Si bien existen en Internet varias páginas con buena reputación en este sentido, siempre vamos a estar mucho más expuestos a una aplicación fraudulenta a través de ellas, ya que su control sobre el software malicioso es mucho menor.

Figura 2.43. Noticia extraída de la web del diario ABC

Para estar lo más a salvo posible ante este peligro, lo mejor que podemos hacer es no instalar cualquier cosa a lo loco. Es mejor pararse un momento y analizar aquello que estamos a punto de instalar, y hacerlo cuando estemos seguros de qué es lo que estamos buscando.

¿Y cómo sé yo si una aplicación que me ofrece Google Play es buena, o si es la que yo busco cuando me salen varias con el mismo nombre? La mejor herramienta de la que disponemos en este sentido es recurrir a la información que el propio *market* nos da del *software*; podemos fijarnos tanto en el desarrollador que la ha subido ahí (si tenemos dudas se puede buscar su reputación a través de los buscadores de Internet), como en las valoraciones y, sobre todo, en los comentarios de otros usuarios. Esta información nos va a dar una buena idea de la idoneidad de lo que tenemos entre las manos.

En segundo lugar, siempre que podamos evitarlo, no instalaremos nada que no provenga de los *markets* oficiales de cada sistema. Lo mejor es buscar en los ajustes del dispositivo y desactivar la opción de "permitir instalar aplicaciones de fuentes desconocidas", y en caso de ser necesario, activarlo en cada momento puntual.

Por último, otra de las precauciones que debemos tomar es fijarnos en aquellos permisos que nos solicitan las aplicaciones a la hora de instalarse. Por lo general aceptamos todo aquello que nos pide, queremos empezar a jugar cuanto antes y esto no es más que un engorro. Pero es posible que a un juego le estés dando permiso para acceder a tu lista de contactos o a tu cámara, algo un poco raro para lo que se supone que va a necesitar después, ¿no crees?

Pero, ¿y si, aún con todo esto, he instalado algo que no debo y ya lo tengo dentro? Lo primero que tienes que hacer es desinstalarlo automáticamente, cuanto antes lo quites de tu teléfono mejor; y si es posible, denunciarlo al *market* de donde lo has descargado para que lo retiren y dañe al menor número de usuarios posible.

También podemos consultar a nuestro proveedor de telefonía si estamos suscritos a algún servicio Premium, en cuyo caso pediremos la baja inmediatamente, y, si ya nos han cobrado, podremos poner una reclamación a la compañía telefónica y rezar para que nos devuelvan el dinero perdido hasta ese momento.

En cualquier caso, como vengo insistiendo a lo largo de todo este libro, la mejor medida de prevención es la cautela y el sentido común. Si aplicamos un poco de cada cosa, lo normal es que nunca nos afecte este problema.

> **RECUERDA**
> Antes de instalar en tus dispositivos móviles lo primero que encuentres, asegúrate de que realmente es lo que dice ser. Sospecha de aplicaciones que ofrecen servicios poco reales y ten mucho cuidado con las aplicaciones de fuentes desconocidas, nunca puedes estar seguro de que llevan dentro de ellas.

CASO 33.
EL MALETÍN. SEGURIDAD DE LA INFORMACIÓN

> **¿LO HARÍAS?**
> Hace unos años, mi familia me regaló por Navidad un maletín portadocumentos. Nunca había usado uno, pero desde el primer momento me di cuenta de las ventajas que tenía. Llevo dentro de él toda la documentación que puedo necesitar y va conmigo a todas partes. Tiene un candado en el que se puede poner una combinación de números, pero nunca lo uso, así puedo abrirlo más rápido y, como nunca lo va a tener alguien que no sea yo, mi información no corre peligro.

¿Llevamos toda nuestra documentación dentro de un maletín que va siempre con nosotros y no nos preocupamos de cerrarlo? Nuestros datos personales, las nóminas, los contratos... al alcance de cualquiera. Afortunadamente somos conscientes de la importancia que tiene toda esa documentación, y la salvaguardamos todo lo que podemos para evitar que, por una pérdida o un robo, caiga en las manos equivocadas y puedan hacer un mal uso de ella.

Piensas que esos maletines son únicamente para altos ejecutivos que necesitan llevar encima mucha documentación importante en su trabajo diario, y que tú no manejas información relevante en tu día a día, pero ¿tienes tu teléfono móvil en el bolsillo?, ¿tienes asociada en él tu cuenta del banco, tu correo, tus redes sociales? Pues ya estás transportando diariamente datos sensibles de un lado para otro sin darte cuenta, lo que hace que tampoco pongas las medidas de seguridad necesarias para mantenerlos a salvo.

Ya lo he mencionado en algún caso anterior, nuestro teléfono móvil se ha convertido en una parte más de nosotros mismos. Dentro de él hay gran parte de nuestra vida, y, debido a sus características, no es difícil que podamos perderlo en cualquier momento o nos lo roben, con todo lo que lleva almacenado.

Hemos visto algunas medidas de seguridad que podemos llevar a cabo para evitar que alguien no autorizado acceda a nuestra información, como por ejemplo el bloqueo de la pantalla del móvil. Pero esta restricción puede saltarse conectando el dispositivo a un ordenador mediante un cable USB, por lo que debemos buscar más barreras de seguridad por si llegara a darse el caso.

Hacer copias de seguridad de los datos, tener cuidado con las aplicaciones que instalamos y controlar la información que compartimos (muchas veces sin saberlo) a través de nuestros terminales nos van a ayudar en la labor; pero vamos a ir más allá y vamos a ver dos medidas adicionales en la protección de nuestra información: el cifrado de nuestros dispositivos móviles y el borrado de los datos que contienen.

El cifrado de la información almacenada en un dispositivo móvil, al igual que veíamos para los ordenadores personales, va a hacer que, si alguien no autorizado tiene acceso a los datos, no sean legibles sin la clave de descifrado. Esta medida es muy interesante en el caso de que alguien intente acceder a los mismos conectando el terminal a un ordenador e intente explorar las carpetas de la memoria del teléfono.

Tanto el sistema operativo Android como iOS incorporan esta característica en sus propias funcionalidades, con unos comportamientos lo suficientemente buenos como para no tener que recurrir a cualquiera de las cientos de aplicaciones que nos ofrece el mercado para realizar esta tarea.

Entrando en los ajustes del dispositivo y buscando las características de seguridad (en función de la versión del sistema operativo puede variar la ubicación), vamos a poder configurar los parámetros del cifrado, como la clave o las memorias que se van a cifrar (interna, tarjeta externa o ambas) e iniciar el proceso, que puede tardar hasta una hora en función del tamaño de la memoria y de la velocidad del dispositivo.

Además, no solo debemos pensar en cifrar los datos que están almacenados en nuestro terminal. Cifrar las comunicaciones que tenemos a través de él también puede ser una buena práctica para mantener a salvo nuestras conversaciones.

Actualmente, las principales aplicaciones de mensajería tipo chat ya incorporan la encriptación punto a punto de los mensajes que enviamos (como por ejemplo Whatsapp o Telegram), por lo que si usamos alguna de estas no debemos preocuparnos mucho más. Pero sí podemos añadir un plus de seguridad a nuestras llamadas telefónicas o a las conversaciones que mantenemos vía SMS.

En los principales *markets* existen multitud de aplicaciones de este tipo, siendo muchas de ellas interoperables entre sí, independientemente del sistema operativo sobre el que corran (como las del desarrollador Open Whisper System, con muy buen cartel en la materia). Lo que sí debemos tener en cuenta es que, para hacer uso de estas aplicaciones, ambos interlocutores deben tenerlas instaladas en sus terminales, por lo que no depende únicamente de nosotros poder tener estas conversaciones de forma privada.

La segunda medida de la que hablábamos es el borrado de los datos, especialmente en dos casos particulares: si lo perdemos o nos lo roban, y cuando queremos deshacernos de él.

Para el primer caso, ya veíamos en el Caso 31 que muchas de las aplicaciones de protección para móviles traían incorporada esta funcionalidad. Si nuestro teléfono ha dejado de estar en nuestro poder sin haberlo previsto de antemano, con esta herramienta podremos hacer que los datos contenidos en él se borren del dispositivo para que quien lo tenga no pueda acceder a ellos.

Si por el contrario, somos nosotros los que decidimos cambiar nuestro modelo de terminal y queremos deshacernos del que tenemos, es muy importante ocuparnos de que todos nuestros datos dejen de estar presentes en la memoria.

Lo primero que vamos a hacer es extraer la tarjeta de memoria externa en caso de que la tenga; ésta es la mejor forma para que no accedan a esos datos. Con la memoria interna podemos pensar que la opción de restaurar los valores de fábrica que incorporan los teléfonos va a ser suficiente, pero no siempre es así, ya que los datos no se borran de forma total, sino que simplemente dejan de estar accesibles para el usuario, pero mediante *software* de informática forense se puede volver a acceder a ellos.

¿Qué hacemos entonces? Si vamos a borrar datos de un teléfono Apple, con el borrado de contenido y ajustes que incorpora, seguido de una configuración del dispositivo como si fuera nuevo va a ser suficiente para que no se pueda acceder a los datos que contenía. En terminales Android, podemos emplear aplicaciones como Secure Delete o Secure Wipe, que van a hacer un borrado total del contenido de la memoria. Pero también podemos usar un truco del propio sistema, que consiste primero en cifrar todo el contenido y después restaurar los valores de fábrica; de esta forma se destruye la clave de cifrado y, aunque se llegue a los datos, estos van a estar cifrados sin posibilidad de hacerlos legibles de nuevo.

Esta medida es muy importante sobre todo si vamos a vender nuestro teléfono en mercados de segunda mano, para que la persona que lo compre no pueda tener acceso a nuestra información. Pero también debemos tener cuidado si somos nosotros lo que lo hemos comprado de esta forma, ya que no sabemos si el anterior propietario puede haberle instalado un software espía que le proporcione todos nuestros datos, por lo que en este caso también se debe hacer una limpieza completa de la memoria del dispositivo.

> **RECUERDA**
>
> Mantén a salvo la información personal que almacenas en tu móvil diariamente. Usa procesos de cifrado de datos y de borrado seguro de información para que esta no caiga en manos inadecuadas.

CASO 34.
EL CARTEL EN LA FAROLA. CÓDIGOS QR

> **¿LO HARÍAS?**
>
> Estoy dando un paseo por mi barrio y de repente un cartel pegado en una farola ha llamado mi atención. El texto que han escrito en él promete una fiesta, totalmente gratis, con grandes premios para todo el que acuda y la dirección a la que tenemos que ir. No lo he dudado ni un momento, he llamado a unos cuantos amigos y en media hora salimos para allá a ver qué nos encontramos.

Un cartel que nos promete grandes emociones y premios sin pedir nada a cambio, solo por ir a una dirección que nos indica, por lo menos así de primeras nos hace sospechar. Desde pequeños nos han enseñado que nadie da nada por nada, y antes de dirigirnos a donde nos dice un papel colgado en una farola o en una pared (que cualquiera puede haber puesto ahí), por lo menos tratamos de investigar algo sobre el asunto, no vaya a ser que cuando lleguemos al sitio en cuestión nos llevemos una sorpresa desagradable.

Los códigos QR (del inglés, códigos de respuesta rápida) o códigos bidi, como también se les conoce, son códigos de barras bidimensionales de forma cuadrada, que nacieron con una misión similar a la del cartel del que hablamos: dirigirnos a un sitio en concreto. Cualquier persona con un dispositivo móvil inteligente puede escanearlos (mediante una aplicación dedicada a ello) y acceder de esta forma a una dirección específica, en este caso una dirección web.

Figura 2.44. El uso de los códigos QR se ha popularizado mucho con la expansión de los smartphones

Básicamente son enlaces a algún contenido en la red (páginas, descargas de *software*, contenido multimedia…), y como ya aprendimos en el Caso 21, todo enlace tiene el riesgo de que no nos dirija realmente donde nos está prometiendo.

Están creados mediante código abierto, lo que implica que cualquier persona puede crearlos a su antojo y difundirlos, para que todo aquel que lo escanee entre en un sitio web que el creador determine.

Y si tenemos en cuenta que la mayoría de estos códigos no han sido verificados, el peligro es evidente. Vemos un anuncio, por ejemplo, que incluye uno de estos *bidi*. Suponemos que el enlace nos va a llevar a la web del fabricante, pero no lo sabemos con seguridad hasta que no estamos dentro, y puede que ya sea demasiado tarde.

Lo que pensabas que iba a ser una visita a una web de venta de ropa *online*, de repente se ha convertido en una visita a alguna página con contenidos inapropiados, en el mejor de los casos, o incluso en la descarga e instalación de *software* malicioso o en alguna página fraudulenta que pretenda hacernos *phising*.

Hace unos años, en el caso *JimmRussia*, se empleó de esta manera un código QR para que todo aquel que accediese a su contenido sufriera un envío masivo de SMS Premium a servicios de pago, y viera como su dispositivo era redirigido a una página donde se descargaban automáticamente archivos de *malware*.

En su momento aprendimos cómo comprobar la veracidad de los enlaces que nos encontrábamos en la web, pero ¿cómo podemos estar seguros de si uno de estos códigos nos va a llevar realmente donde nos promete? En este caso no podemos poner el ratón encima del enlace y ver la dirección donde nos va a llevar, pero si seguimos esta serie de consejos básicos de seguridad, va a ser mucho más difícil que nos encontremos en una situación de peligro:

- Lo primero es disponer en nuestro teléfono de una aplicación de lectura de códigos QR que disponga de escaneo seguro. Esta funcionalidad nos va a mostrar el enlace al que nos va a dirigir antes de llevarnos hasta él, con lo que antes de aceptar entrar podremos hacernos una idea de dónde vamos a ir. En este apartado recomiendo usar Norton Snap, Kaspersky QR Scanner o QR Code Reader.

- Nunca debemos escanear códigos de poca confianza. Nos tenemos que fijar en el contexto donde está el enlace, por ejemplo, un código en una pegatina que está en una farola en la calle lo puede haber pegado cualquiera y no nos garantiza nada, así que mejor pasamos de él.

- Si, aun disponiendo de un escáner seguro de los códigos, vemos que la dirección a la que nos va a dirigir está acortada, es mejor no arriesgarse y no entrar. Nada nos asegura qué hay detrás de ella.

- No instalar nada que nos pida un código, salvo que esa fuera su función y estemos seguros de que el enlace es de confianza. Si se supone que vamos a visitar una página web y nos pide permiso para instalar algún programa, lo más probable es que acabemos con algún *malware* dentro de nuestro teléfono.

El peligro existe, como ya hemos visto, pero esto no quiere decir que tengamos que dejar de usar estos códigos. Si seguimos navegando por la red aunque haya enlaces poco fiables, en este caso actuaremos de la misma forma. Lo único que debemos hacer es un uso responsable de los mismos y tener las debidas precauciones para estar fuera de peligro.

> **RECUERDA**
>
> Los códigos QR, como los enlaces en Internet, no siempre nos van a llevar hasta donde nos prometen. Usa aplicaciones de escáner seguro y evita enlaces y descargas de poca confianza y no correrás ningún peligro.

CASO 35.
CONVERSACIONES NO TAN PRIVADAS. MENSAJERÍA INSTANTÁNEA

> **¿LO HARÍAS?**
> Tengo un grupo de amigos con los que hablo frecuentemente a través de mensajes. No tenemos ningún sistema que nos permita hacerlo, así que escribimos los mensajes en notas en papel y se los damos a gente que ni siquiera conocemos para que los reparta diciéndoles donde los tienen que llevar. Escribimos cualquier cosa, incluso a veces imprimimos alguna foto y la mandamos también, pero sabemos que esa gente no va a ponerse a leerlos, así que no metemos el papel en un sobre cerrado ni tomamos ninguna medida más de seguridad.

A nadie se le ocurre enviar sus mensajes o sus fotos personales de esta forma, de manera que cualquiera pueda ver el contenido de los mismos. Si enviamos correspondencia escrita lo hacemos dentro de un sobre cerrado para asegurarnos de que cuando llegue al receptor nadie más lo haya leído.

En los teléfonos móviles, esta labor de mensajería es llevada a cabo por las aplicaciones de mensajería instantánea tipo chat, pero en este caso parece no importarnos qué pasa con nuestra información desde que sale de nuestro terminal hasta que llega a su destino.

El uso de este tipo de aplicaciones ha crecido exponencialmente en los últimos años. Son muchas las alternativas que nos encontramos en los *markets* de cada sistema operativo, pero sin lugar a dudas, una de ellas se ha convertido en el auténtico rey del pastel de la mensajería con más de mil millones de usuarios activos hoy en día. Me refiero, por supuesto, a Whatsapp, y por ello voy a centrarme en esta aplicación a lo largo de todo el caso, aunque la mayoría de lo que comente podría aplicarse a cualquier otro *software* similar a éste.

El principal problema (y seguramente el más grave) que siempre ha venido a la cabeza cuando se habla de Whatsapp es el riesgo que corre la privacidad de los usuarios con su uso.

El primer problema con el que nos encontramos es el robo de identidad, tanto por ataques de ciberdelincuentes como por sustracción o extravío de dispositivos, ya que, al no pedir para su uso un nombre de usuario y una contraseña, cualquiera que se haga con nuestro teléfono puede tener acceso a nuestros contactos y nuestras conversaciones. Para evitar esto, lo único que podemos hacer es lo que ya hemos aprendido en los casos anteriores para bloquear el terminal y cifrar su contenido.

En este sentido también debemos tener cuidado si detectamos comportamientos extraños de alguno de nuestros contactos, o si nos piden sin venir a cuento información que pueda ser sensible. Si tenemos cualquier duda de que pueda ser alguien distinto a quién dice ser, deberemos comprobar la identidad de la persona con la que estamos hablando antes de facilitar cualquier dato que nos pidan.

Figura 2.45. Whatsapp es utilizado diariamente por más de mil millones de usuarios en todo el mundo

El segundo punto al que debemos prestar atención para salvaguardar nuestra privacidad es el de la información que se comparte a través de la aplicación. Aunque tengamos la certeza de que estamos hablando con contactos reales, enviamos sin el más mínimo pudor gran cantidad de información personal (datos, fotos, ubicaciones) sin saber cómo llega hasta su destinatario y qué se hace con todo esto durante el camino.

Actualmente Whatsapp ha dado un paso muy importante en este sentido al cifrar las comunicaciones extremo a extremo entre los usuarios. Esto nos va a garantizar que, si alguien intercepta nuestro mensaje según es enviado, no va a poder leerlo; pero toda esta información llega a los servidores de Whatsapp y nadie nos asegura que allí no se almacenen y puedan ser descifrados, ya que es la propia aplicación la que los encripta con su clave (nosotros no la elegimos en ningún momento). Además, tampoco nos garantiza que alguien que acceda a nuestro aparato no pueda ver las conversaciones y los archivos intercambiados, ya que la información solo se cifra mientras se envía, pero no en la memoria.

Ante esto, poco podemos hacer nosotros para cambiarlo. Si queremos utilizar Whatsapp tenemos que jugar con sus reglas. Lo único que nos queda es ser cuidadosos con la información que compartimos a través de la plataforma para que, en caso de que caiga en manos de quien no debe, no nos suponga un problema.

Para terminar con el tema de la privacidad, debemos conocer las opciones que nos ofrece la aplicación para configurar nuestra cuenta. En los ajustes de privacidad de la misma podemos configurar las confirmaciones de lectura de mensajes (el famoso *doble check* azul) y los usuarios que van a poder ver nuestra foto, nuestro estado o la última vez que nos conectamos.

Más allá de los clásicos problemas surgidos entre parejas por motivos de control de la otra persona, estos son aspectos que todo el mundo debe considerar. Salvo cuentas públicas, estos datos de nuestro perfil no deberían estar expuestos a cualquier usuario de Whatsapp, y deberían limitarse, como mucho, a nuestros contactos.

Como ya mencionaba al inicio del caso, la privacidad siempre ha sido el principal problema que ha provocado dolores de cabeza tanto al desarrollador como a los usuarios de la aplicación, pero no es el único. También deberemos tener cuidado con:

- ▼ Grupos: los famosos grupos son de mucha utilidad cuando se debe hablar algo entre varias personas, pero si creamos grupos con usuarios que no se conocen entre sí, estamos haciendo público el número de teléfono de estos con el resto. Antes de crear cualquier grupo y añadir contactos sin ton ni son, asegúrate de que todo el mundo está de acuerdo en pertenecer a él.

- ▼ Archivos multimedia: el envío de archivos es otra de las funcionalidades más extendidas de Whatsapp. Recibimos una foto o un vídeo, pero no sabemos qué es hasta que lo abrimos, y podemos encontrarnos con contenidos ilegales. En este caso nunca deberemos reenviar dicho archivo y lo deberemos borrar inmediatamente de nuestro teléfono si no queremos tener posibles problemas con la justicia el día de mañana.

- ▼ Virus: debemos tener mucho cuidado si recibimos mensajes de algún contacto desconocido que incluya enlaces. Como ya sabemos, no estamos seguros de dónde nos llevan hasta que estamos dentro, y pueden dirigirnos a descargas de *malware* o intentos de *phising*.

▶ Si tenemos problemas de acoso por parte de algún usuario, desde los ajustes de la aplicación podemos bloquearlo. Por lo menos a través de Whatsapp nos aseguraremos de no seguir recibiendo mensajes desde ese número.

▶ Existen multitud de cadenas que buscan crear alarma social sobre algún tema. La mayoría suelen ser falsas, por lo que lo mejor es no hacerles mucho caso y no ayudar a su difusión. Si tenemos dudas sobre la veracidad de la información, lo mejor es acudir a fuentes de comunicación oficiales para corroborar si lo que dicen es cierto o no.

RECUERDA
Whatsapp es una herramienta de comunicación muy popularizada, pero su uso puede conllevar riesgos de privacidad. Haz un uso responsable y no compartas información sensible a través de ella para evitar posibles problemas.

CASO 36.
PUERTAS Y VENTANAS ABIERTAS. CONEXIONES INALÁMBRICAS

¿LO HARÍAS?
Me gusta la sensación de libertad y siempre intento hacer todo en mi vida de forma que no me sienta encerrado de ninguna manera. En mi casa, por ejemplo, tengo una puerta y varias ventanas, y no me gusta sentir que están cerradas, así que siempre que puedo las tengo abiertas de par en par sin preocuparme de quién pueda entrar dentro.

No queremos que alguien a quien no hayamos invitado entre en nuestro hogar a su antojo y, para que no suceda, nos preocupamos de mantener las puertas y las ventanas bien cerradas cuando no las estamos utilizando nosotros.

En nuestros dispositivos móviles, las puertas de acceso son las conexiones que tienen estos hacia el exterior (bien a Internet, bien a otros terminales), y actualmente, con la expansión de las conexiones inalámbricas, cualquier modelo dispone de varias posibilidades para poder comunicarse con el resto del mundo.

Figura 2.46. Las conexiones inalámbricas nos permiten tener conectados nuestros terminales con el resto del mundo

Nos permiten comunicarnos con la red, con amigos para jugar *online*, con multitud de dispositivos de distinta naturaleza (lectores, terminales de pago, altavoces, manos libres), incluso tener todos nuestros aparatos sincronizados para que intercambien información entre ellos. Así que activamos las conexiones y empezamos a disfrutar.

Pero cuando dejamos de utilizarlos, poca gente se acuerda de apagar la conexión, con lo que estamos dejando puertas abiertas para que cualquier atacante pueda acceder a nuestro teléfono. Ya sabemos que, si un dispositivo está conectado a una red, es susceptible de ser hackeado; así que la mejor medida de prevención que tenemos para evitarlo es cerrar esa vía de acceso, como ya vimos para los *routers* wifi en el Caso 24.

Y para que podamos actuar con conocimiento de causa, repasemos cuáles son las principales opciones de conectividad inalámbrica que podemos encontrarnos en nuestros *smartphones*:

▶ **Wifi:** ya aprendimos los riegos que podemos correr en nuestros ordenadores personales si tenemos activado nuestro *router* cuando no está siendo utilizado; así que, para el caso de los dispositivos móviles, actuaremos de la misma manera; y si no estamos conectados a ninguna red wifi, mantendremos la conexión desactivada en el terminal.

▼ **Bluetooth**: es una de las redes por las que menos pensamos que podemos ser atacados, pero estamos en un tremendo error. Existen ataques de *spam* (*bluejacking*), de escuchas de conversaciones a través de manos libres (*bluesnarfing*), e incluso que llegan a tomar el control del terminal (*bluebugging*), por lo que es muy importante solo tener activada la conexión cuando sea necesaria; además ahorraremos consumo de batería y evitaremos las radiaciones de microondas que generan, no muy beneficiosas para la salud. Otra buena medida es no tener nuestro dispositivo visible para el resto de los usuarios, lo que va a impedir que cualquiera nos encuentre cuando tenemos el *bluetooth* activado y pueda conectarse con nosotros.

▼ **Red móvil:** conocidas como 3G o 4G en función de la velocidad que ofrecen. La conexión a esta red es bastante segura de por sí y es difícil sufrir un ataque a través de ellas. Pero sí que podemos correr riesgos cuando utilizamos la función de compartirlas con otros usuarios, lo cual convierte nuestro terminal en un *router* (normalmente wifi) para que los demás se conecten a través de él. Al ser un *router* en función, nuestro teléfono puede sufrir los mismos ataques, y un ciberdelincuente que se conecte a nuestra red podría acceder al sistema del dispositivo. Lo mejor que podemos hacer es, siempre que sea posible, usarlo como *router* USB, conectándolo por cable, y por supuesto, apagar la conexión cuando ya no sea necesaria.

▼ **NFC:** es una tecnología menos extendida, aunque cada vez se incluye en más ámbitos. Smartphones, el DNI electrónico 3.0, tarjetas de crédito ya emplean esta tecnología que permite compartir información a poca distancia (unos cinco centímetros). Precisamente este corto alcance puede dificultar algunos ataques sobre ella, pero no es, ni mucho menos, inmune a peligros de accesos no autorizados o infección de malware. Su uso, cada vez más popular para pagos, unido a que no sea necesario vincular los dispositivos que se van a comunicar, sino únicamente acercarlos (no disponemos de verificación de conexión, lo que puede suponer un riesgo añadido), hacen que debamos tener también un control sobre esta conexión, y activarla en los momentos puntuales en los que la vamos a utilizar.

RECUERDA

Las conexiones inalámbricas de los dispositivos móviles nos facilitan muchas tareas sin necesidad de cargar con cables, pero también tienen sus riesgos. Activa las conexiones solo cuando vayas a utilizarlas y ten precaución en su uso para evitar que algún intruso pueda entrar a tu sistema a través de ellas.

CASO 37.
LAS VENTANAS DE MI AUTOCARAVANA. LAS CÁMARAS DEL MÓVIL

¿LO HARÍAS?
Hace un tiempo ya hablamos de la utilidad que tienen las cortinas en las ventanas de mi casa para que nadie pueda verme o grabarme desde fuera. Sé que en mi casa son necesarias, pero no las uso cuando me voy de vacaciones con mi autocaravana. Están ahí, pero nunca cierro estas cortinas, así el sol puede entrar por las mañanas sin ningún impedimento.

Que hayamos cambiado el escenario (nuestro domicilio habitual por una autocaravana en época de vacaciones) no va a hacer que cambie el peligro que corremos de poder ser espiados por cualquiera que se asome a la ventana; así que, si tengo la costumbre de cerrar las cortinas de mi habitación, también lo hago en mi casa de verano.

En el Caso 12 ya aprendimos los peligros que pueden acecharnos detrás de la webcam que viene instalada en nuestros ordenadores personales y, sabiendo esto, ¿no se te ha ocurrido pensar que puede existir el mismo riesgo cuando se trata de las cámaras que están integradas en los dispositivos móviles?

Figura 2.47. Las cámaras de los teléfonos móviles nos permiten captar una imagen en cualquier momento, pero también pueden grabarnos a nosotros sin que nos demos cuenta

Incluso podríamos decir que el peligro es mayor, ya que la gran mayoría de modelos, tanto de *smartphones* como de tabletas, incorporan dos cámaras: una trasera y una delantera, con lo que estamos duplicando la posibilidades de ser espiados por alguna mirada indiscreta.

Según muestran los últimos estudios sobre seguridad informática desarrollados por la empresa Kaspersky, la concienciación de los usuarios en este aspecto está muy por debajo de lo que sería deseable. Solo un 31% de los encuestados son conscientes de los riesgos que corren a través de las *webcam* de los ordenadores personales, cifra que baja hasta únicamente el 5% cuando se trata de las cámaras de los dispositivos móviles, lo que convierte esta funcionalidad en un caramelo para los ciberdelincuentes.

Hoy en día llevamos con nosotros el teléfono móvil a cualquier sitio al que vayamos, incluso a aquellos donde nunca querríamos ser grabados (dormitorio, cuarto de baño), sin preocuparnos de quién pueda estar al otro lado.

Se conoce la existencia de *malware* que ya es capaz de monitorizar el uso de las cámaras de estos aparatos, por lo que en cualquier momento podemos estar facilitando a alguien imágenes de nuestra intimidad que podrá explotar a su antojo.

¿Y qué podemos hacer para evitar ser víctimas de estos ataques? Las mejores medidas que tenemos a nuestro alcance son:

- ▼ Como ya pasaba en el Caso 12, lo ideal es tapar las cámaras de nuestro teléfono con un trozo de cinta aislante. Si tapamos el objetivo solo van a poderse grabar imágenes en negro que no interesarán a nadie.

- ▼ Tener instalado un *software* de protección nos puede ayudar con *malware* que ya sea conocido. En caso de surgir nuevas amenazas estaremos indefensos hasta que se incluyan en la base de datos del antivirus, como ocurre siempre.

- ▼ Vigilar con mucho cuidado los permisos que damos a las aplicaciones que instalamos. Muchas de ellas piden permiso para controlar la cámara, y debemos ser nosotros los que decidamos la conveniencia de otorgárselo en función del objetivo del software que estemos instalando.

RECUERDA

El peligro de poder ser espiados a través de las cámaras no es exclusivo de los ordenadores personales, los dispositivos móviles también pueden sufrir estos ataques. Tapa las cámaras de tu teléfono, instala un buen software de protección y controla los permisos que concedes a las aplicaciones, así evitarás que tu privacidad sea robada.

CASO 38.
LAS FOTOS CON MI INFORMACIÓN. METADATOS EN LAS FOTOS

> **¿LO HARÍAS?**
> En mi casa tengo una gran cantidad de fotografías que he ido tomando a lo largo de los años. Para no olvidarme de qué es cada una, les escribo por la parte de atrás el día y el lugar donde las hice, y además escribo mi nombre, mi dirección, mi teléfono y todos los datos personales que se me ocurran. De vez en cuando quiero compartirlas con algún amigo, así que las voy dejando por el barrio para que se las encuentre según pasea y las vea.

Así consigo que mis amigos vean mis fotos, pero cualquiera puede verlas también (como ya nos pasaba en el Caso 14), y no solo estoy poniendo mis fotos al alcance de todo aquel que se las encuentre, sino que además, si se le ocurre darle la vuelta a la imagen, podrá ver todos mis datos personales y puede saber dónde y cuándo estuve haciéndola.

Evidentemente no quieres que toda esa información caiga en manos de gente que a lo mejor ni conoces, y que puede estar recopilándola para programar un ataque hacia ti, como por ejemplo ver que siempre te vas de vacaciones a la playa en agosto y dejas tu casa vacía para entrar en ella y robarte. Si vas a compartir esas fotos, te asegurarás de hacerlo solo con tus amigos y, si pueden llegar a más gente, por lo menos no escribirás toda esa información en ellas.

Pero esto que con las fotos en papel es algo evidente, ni lo pensamos cuando se trata de imágenes en formato digital. La aparición en el mercado de las cámaras digitales y los teléfonos inteligentes con cámaras incorporadas ha cambiado el mundo de la fotografía. Ahora cualquiera puede captar una imagen en cualquier momento y lugar, y subirla a sus redes sociales o enviarla por Whatsapp a sus contactos para que todo el mundo las pueda ver.

Pero da lo mismo, ¿qué peligro puede tener que alguien tenga una foto mía si yo no digo de cuándo es o dónde la hice? Puedo colgar la foto y que nadie sepa nada con ella, ¿no? Error. Aquí es donde entra en juego un nuevo concepto que te voy a explicar: los metadatos de las fotos que hacemos con el móvil.

Lo primero es entender de qué estamos hablando. ¿Qué se entiende por metadatos? Es un dato sobre otro dato, es decir, es información acerca de un archivo de datos (en este caso sobre el archivo de imagen). Pueden almacenar la fecha y la hora en que fue tomada la fotografía, el lugar mediante posicionamiento GPS, el modelo de dispositivo utilizado, parámetros de configuración.

Todos estos datos se almacenan cada vez que hacemos una foto con nuestros dispositivos móviles. La información está ahí guardada, y aunque nosotros no la veamos, hay gente a la que le puede interesar acceder a ella. Los cibercriminales pueden utilizarla para hacernos un seguimiento, como comentaba anteriormente, o para saber el modelo de teléfono que usamos, lo que les puede servir para dirigirnos un ataque determinado hacia nuestro terminal, con lo que ya nos vamos dando cuenta de la importancia de esta información.

Existen muchos programas de *software* (incluso algunos de ellos *online* que ni siquiera tendremos que instalar en nuestro ordenador) que nos dan acceso a todos estos datos. Y de la misma manera, también tenemos a nuestra disposición muchas aplicaciones que permiten "limpiar" nuestras fotos, para que, cuando las compartamos, toda esta información no esté disponible para ser consultada.

Debemos acostumbrarnos a borrar esta información de nuestras fotografías cuando vayamos a compartirlas y, por ejemplo, no queramos que se sepa dónde y cuándo la hicimos. De esta forma evitaremos facilitar información personal sensible a posibles ciberatacantes que pueda traernos problemas en el futuro.

En el "Anexo VI Consulta y borrado de los metadatos de las fotos", explico paso por paso cómo podemos consultar los metadatos de una foto y las diferentes formas que tenemos para borrarlos.

Además veremos una comparativa de la información que está incluida en una foto original y la que queda después de haberla enviado por Whatsapp o de ser subida a redes sociales y descargada, para saber en qué casos debemos extremar las medidas de precaución y en cuales estamos más respaldados por las aplicaciones.

RECUERDA

Las fotografías que hacemos con el teléfono móvil guardan datos como el lugar o el momento en que fueron hechas. Borra esta información antes de compartirlas y así no caerá en malas manos.

3
CONCLUSIONES

CASO 39.
NO SALDRÉ DE MI CASA. EL SENTIDO COMÚN

> **¿LO HARÍAS?**
> Después de conocer todos los peligros a los que me expongo cada vez que salgo a la calle, he decidido encerrarme en mi casa, así no me pasará nada. Robos, secuestros, palizas... hay demasiadas amenazas en cualquier sitio como para poder pasear tranquilo. Cualquiera puede ser un delincuente, y no quiero encontrarme con ninguno en mi camino.

Es cierto que fuera de las paredes de nuestro hogar existen muchos peligros, que cada vez que salimos a la calle podemos ser víctimas de algún acto delictivo; pero salvo casos de extrema paranoia, esto no hace que nos quedemos encerrados en casa para evitar ser atacados por algún criminal.

Conocer las amenazas que se ciernen sobre nuestras cabezas, la forma de actuar de los delincuentes y las medidas de seguridad que debemos tomar para evitar vernos envueltos en situaciones poco deseables, hace que dispongamos de los recursos necesarios para llevar una vida normal y no tener que estar encerrados bajo llave para sentirnos seguros.

Una vez más, la vida real y la vida digital se corresponden en este caso. A lo largo de todo el libro has podido ir conociendo los riesgos que puedes correr cuando navegas por la red o utilizas los dispositivos electrónicos que tienen en tus manos día a día.

Pero esto no debe crear una alarma que te lleve a olvidarte de tu ordenador o tu teléfono móvil, o que te impida navegar más por Internet. Las nuevas tecnologías han cambiado nuestra forma de vivir, y están ahí para ayudarnos y disfrutarlas. Como todo nuevo invento, tiene sus peligros, eso es innegable, pero si los conocemos y estamos alerta podremos hacer un uso responsable y seguro de todo aquello que nos ofrece la red.

Ha sido mucho lo que has aprendido y las medidas de seguridad que has ido viendo en todos los casos que componen el libro. Ahora viene la cuestión, ¿tengo que hacer absolutamente todo lo que se ha explicado aquí? Desde mi punto de vista, no.

Evidentemente si queremos tener una seguridad lo más férrea posible, deberemos implementar todos los protocolos de seguridad que podamos, cuanto más protegidos estemos más difícil será que nos ataquen. Pero para la gran mayoría de los usuarios, tomar unas pocas medidas de seguridad puede ser más que suficiente para no sufrir nunca los efectos de los ciberdelincuentes.

Lo más importante es seguir las reglas básicas de prevención (ver "Anexo I – Decálogo de seguridad"). Con estas vamos a poder dar esquinazo al 99,99% de los peligros, y a partir de ahí, cada usuario debe añadir aquellas que, por el uso que suele hacer de Internet, le pueden venir bien.

En cualquier caso, y aunque todo lo que hemos aprendido es importante, volveré a repetir una vez más algo que ya he dicho en varios puntos del libro; el mejor recurso de seguridad del que dispones es tu propio sentido común. Solo con aplicarlo cuando estés navegando por la red vamos a ser un hueso duro de roer para cualquier atacante. Ten esto siempre presente cada vez que estés delante de la pantalla.

Y no debemos olvidar que la seguridad digital no debe acabar en nosotros mismos. Este es un aspecto que todo el mundo debería conocer, por lo que siempre que puedas expande estos conocimientos, especialmente entre los más pequeños, quienes al final son los más desprotegidos. Seguro que mucha gente te lo acabará agradeciendo.

RECUERDA

No debemos alarmarnos con todos los peligros que existen en la red. Conociéndolos y usando el sentido común vamos a poder hacer un uso seguro y responsable de las nuevas tecnologías.

CASO 40.
ME HAN ATRACADO POR LA CALLE. ¿Y SI SOY VÍCTIMA?

> **¿LO HARÍAS?**
> Esta tarde cuando regresaba a mi casa después de trabajar, al pasar por el parque que tengo enfrente, me ha asaltado un chico con la cara tapada por un pasamontañas. Ha sacado una navaja y me ha obligado a darle todo lo que llevaba encima de valor. Cuando se ha ido corriendo, he pensado en ir a denunciarlo a comisaría, pero al final lo he dejado. No ha sido mucho lo que se ha llevado y voy a perder mucho tiempo con todo el papeleo.

Si alguna vez nos vemos envueltos en una situación como ésta, no dudamos ni un momento en acudir a una comisaría para poner una denuncia de lo ocurrido. Esperamos que puedan devolvernos aquello que nos han robado, y además queremos que detengan al delincuente para evitar que siga actuando a sus anchas.

Pero cuando alguien es víctima de un delito telemático, no siempre acude a las fuerzas de seguridad del Estado, bien por desconocimiento, vergüenza o simple dejadez. Es muy importante que esta situación cambie. Es posible que lo que hayas perdido sea poco, pero solo de esta forma podemos conseguir que una banda organizada que esté estafando a usuarios en Internet pueda ser perseguida y detenida.

Con la aparición de las nuevas tecnologías, y con ella la de los delitos telemáticos, ha cambiado la forma en la que se llevaban a cabo los ataques, aunque los crímenes en sí siguen teniendo el mismo fondo (robo, extorsión, acoso). Si el hecho es el mismo, la forma en la que tenemos que actuar ante ellos también debe ser idéntica.

Vale, entonces si he sido víctima de algún delito a través de la red, ¿qué es lo que tengo que hacer? Pues tienes que seguir cuatro pasos básicamente:

- ▼ Guarda toda la información posible del hecho en cuestión. Pantallazos, mensajes, correos electrónicos, extractos del banco, llamadas grabadas cualquier cosa puede ser de utilidad a la Policía Nacional o a la Guardia Civil para dar con los delincuentes. Para este punto, recomiendo instalar en el teléfono móvil una aplicación de grabación de llamadas, que suele ser algo que pocos usuarios utilizan.

- ▼ Pon el hecho en conocimiento de las fuerzas de seguridad. No lo dejes en el olvido. Puede que tu caso sea solo un grano de arena, pero si se juntan cada uno de ellos, se puede crear una montaña que permita desarticular la banda de cibercriminales.

▶ Busca el fallo de seguridad que ha permitido que seas atacado y soluciónalo. Si han podido con nosotros, por lo menos vamos a aprender de nuestros errores para que no se vuelva a repetir.

▶ Avisa del delito y, sobre todo, de la manera en que los ciberdelincuentes han actuado, a familiares, amigos y conocidos para que estén alerta del peligro y no sean nuevas víctimas del mismo.

Respecto al segundo punto, poner el hecho en conocimiento de las fuerzas de seguridad, en función de la gravedad del delito, podemos actuar de dos formas diferentes: si el hecho ha tenido alguna incidencia, debemos denunciarlo, y si simplemente hemos detectado un intento de estafa o de una actuación maliciosa de algún tipo, podemos informar de ello para alertar a las autoridades y al resto de usuarios.

Si lo que queremos es denunciar, debemos hacerlo de forma presencial en algún juzgado o centro policial. Según la legislatura en vigor no es posible hacerlo de forma telemática. Lo que sí podemos hacer es informarnos de los procedimientos a través de las páginas web que ponen a nuestra disposición tanto el Grupo de Delitos Telemáticos de la Guardia Civil (https://www.gdt.guardiacivil.es/webgdt/pinformar.php) como la Brigada de Investigación Tecnológica de la Policía Nacional (http://www.policia.es/org_central/judicial/udef/bit_alertas.html).

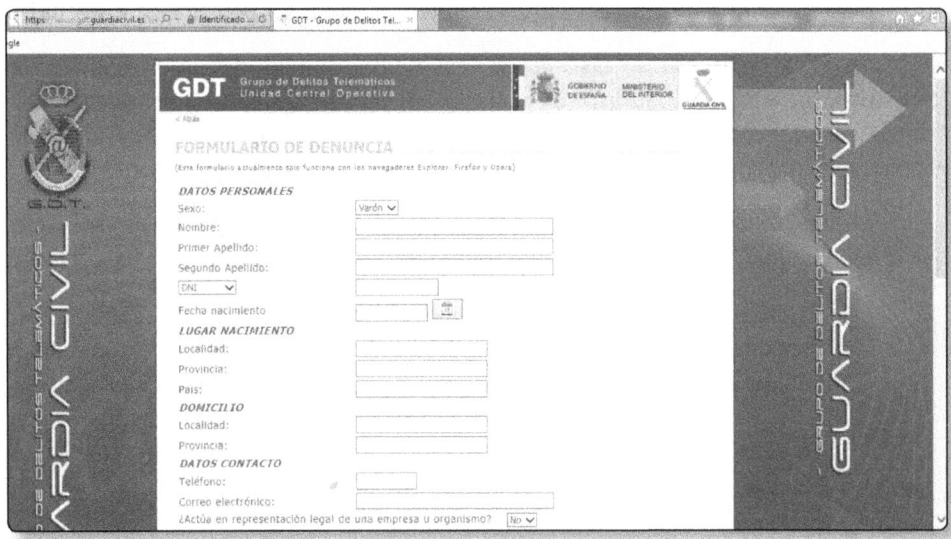

Figura 3.1. Formulario de denuncia en la web de la Guardia Civil. Podemos rellenarlo e imprimirlo para llevarlo presencialmente a un juzgado o centro policial

En caso de haber detectado alguna actividad maliciosa, disponemos de un amplio abanico de páginas donde podemos ponerlo en conocimiento de organismos y usuarios. La seguridad digital la construimos entre todos, y todos debemos participar en este tipo de labores. Algunos de los sitios web de Internet a los que podemos acudir son:

▼ Formulario de información ciudadana de la web del GDT de la Guardia Civil: *https://www.gdt.guardiacivil.es/webgdt/colabora.php*

Figura 3.2. Formulario de información ciudadana del GDT de la Guardia Civil

▼ Oficina de seguridad del internauta (OSI), en su sección "Cuéntanos tu historia": *https://www.osi.es/es/cuentanos-tu-historia.html*

▼ Agencia Española de Protección de Datos. En su sede electrónica se pueden presentar denuncias de hechos que atenten contra nuestros datos personales: *https://sedeagpd.gob.es/sede-electronica-web/vistas/formSpam/spamDenuncia.jsf;jsessionid=3FC268F548C59FFD4F289FCC645855EA*

▼ Asociación de Usuarios de Internet. Dispone de una sección donde podemos presentar alguna queja a alguna empresa u organización dejando constancia a través de la asociación: *http://www.aui.es/?page=aso_alta_queja*

▼ Denuncia Online. Esta página, perteneciente a la plataforma Pantallas Amigas, nos aconseja a la hora de denunciar un delito en la red. No tramitan denuncias directamente, pero nos pueden guiar en el proceso: *http://denuncia-online.org/*

RECUERDA
Los delitos en Internet deben ser denunciados de la misma forma que lo son los delitos de la vida real. La actuación conjunta de todos los usuarios es indispensable para poder disfrutar de una red más segura.

4

ANEXOS

ANEXO I. DECÁLOGO DE BUENAS PRÁCTICAS DE SEGURIDAD DIGITAL

1. Nunca bajes la guardia en lo que a tu seguridad digital se refiere. Aunque no seas consciente de ello, cada día eres objetivo de multitud de amenazas en la red.

2. Hazte con las mejores herramientas defensivas. Instala herramientas *antimalware* de confianza y mantén tu *software* actualizado para cerrar tus puertas.

3. Tus contraseñas son las llaves que dan acceso a todos tus sistemas. Haz una buena gestión de ellas y nunca las compartas con nadie.

4. Mantén apagado todo aquello que no necesites. Si algo está apagado o inactivo, es mucho más difícil que sea atacado.

5. Ten mucho cuidado con la información que compartes en la red. Nunca des datos que no creas conveniente y extrema las medidas de seguridad cuando lo hagas.

6. En Internet existen infinidad de estafas que van a intentar engañarte para sacar algún provecho. Sé desconfiado por naturaleza, las ofertas que no parecen reales no suelen serlo.

7. Los menores, al igual que en la vida real, deben ser los más protegidos en la red. Pon todos los medios para que no sean expuestos a sus peligros y edúcalos para que estén preparados e informados de cómo deben actuar.

8. No abras correos sospechosos o de orígenes desconocidos. Cuando recibas alguno, bórralo directamente sin abrirlo y no lo reenvíes a tus contactos.

9. Protege tus dispositivos móviles igual que proteges tu ordenador. Tu *smartphone* o tu tableta también pueden ser atacados de la misma forma.

10. Y sobre todo, usa siempre la lógica. No hagas nada en la red que no harías en tu vida real.

ANEXO II. CREAR CONTRASEÑAS SEGURAS

Importancia de tener contraseñas seguras

Como hemos podido ver en el Caso 5 de este libro, las contraseñas son las llaves que guardan la seguridad digital de nuestras cuentas y sesiones, por lo que es de extrema importancia llevar una buena gestión de las mismas para evitar poner en peligro nuestra intimidad.

En este anexo, voy a explicar el procedimiento que deberemos seguir para obtener una clave lo suficientemente robusta como para estar tranquilos: desde elegir el tamaño de la misma, hasta generar la secuencia de caracteres que la compondrán, y finalizando por una comprobación de que realmente el *password* elegido es adecuado.

Vamos a ir entrando en materia.

Elección de la longitud de la contraseña

Ya hemos aprendido que la longitud mínima que debe tener nuestra contraseña es de ocho caracteres, pero en realidad no sabemos por qué. Siempre es más fácil concienciarse de algo cuando se entiende el peligro que se corre, por lo que lo primero que voy a hacer es explicar este punto.

Una de las formas que tienen los ciberdelincuentes de romper nuestras claves es la conocida como "Fuerza bruta". Este método se basa simplemente en, teniendo el nombre de usuario de una cuenta, probar todas las posibles combinaciones de caracteres que existen para la contraseña hasta dar con la correcta.

Se comienza probando cada carácter por separado, luego en combinaciones de dos, después de tres y así sucesivamente. Esta tarea, que nos puede parecer tediosa cuanto menos, no la realiza directamente el atacante, por supuesto (si fuera así le llevaría años poder obtener contraseñas de muy pocos caracteres), sino que es llevada a cabo por ordenadores llamados robots, que pueden probar millones de posibilidades en cuestión de minutos.

La velocidad computacional crece día a día en los equipos informáticos, y cuanto más rápida sea la capacidad de procesamiento de la máquina, menos tiempo tardará en dar con la combinación que abre nuestra puerta.

Pero no nos alarmemos. Los dispositivos electrónicos cada vez son mejores y más rápidos, sí, pero su capacidad llega hasta donde llega. Teniendo en cuenta la velocidad actual de procesamiento (número de combinaciones que pueden comprobar por segundo), con unos sencillos cálculos podemos saber el tiempo que llevaría poder probar todas las series de caracteres que puede tener un password en función de su longitud. Veamos los resultados:

Longitud	Todos los caracteres	Solo minúsculas
3 caracteres	0,86 segundos	0,02 segundos
4 caracteres	1,36 minutos	0,46 segundos
5 caracteres	2,15 horas	11,9 segundos
6 caracteres	8,51 días	5,15 minutos
7 caracteres	2,21 años	2,23 horas
8 caracteres	2,10 siglos	2,42 días
9 caracteres	20 milenios	2,07 meses
10 caracteres	1.899 milenios	4,48 años
11 caracteres	180.365 milenios	1,16 siglos
12 caracteres	17.184.705 milenios	3,03 milenios
13 caracteres	1.627.797.068 milenios	78,7 milenios
14 caracteres	154.640.721.434 milenios	2.046 milenios

Si analizamos los datos que hemos obtenido, la principal conclusión que podemos sacar es que, a medida que aumentamos el número de caracteres que conforman la contraseña, el tiempo necesario para atacarla mediante *Fuerza bruta* crece de manera exponencial. Cada salto que damos, hace aumentar muchísimo el tiempo que un ordenador tardaría en dar con la combinación correcta.

Además vemos cómo, para una misma longitud, utilizar únicamente letras minúsculas hace que el tiempo de procesamiento sea mucho menor que si empleamos todos los caracteres de los que disponemos: mayúsculas, minúsculas, números y caracteres especiales.

Aquí es donde reside la importancia de utilizar claves con una longitud adecuada y combinando la mayor cantidad posible de caracteres.

Ya sabemos que la recomendación es utilizar contraseñas de, mínimo, ocho caracteres con combinación de todos los tipos posibles. Esto nos daría una seguridad de 2,1 siglos y, evidentemente, que rompan nuestra clave dentro de 210 años es algo que no nos preocupa en lo más mínimo. Pero no debemos quedarnos en un pensamiento tan lineal.

Es verdad que con esos datos garantizamos nuestra seguridad durante un periodo de tiempo suficiente, pero ¿no sería lo normal que la capacidad de procesamiento de los ordenadores siguiera aumentando como lo ha hecho hasta ahora? Esto supondría que para una misma clave el tiempo necesario para ser descubierta bajaría notablemente, lo que podría poner en peligro la robustez de la misma, por lo que siempre será mejor curarnos en salud y elegir contraseñas lo más largas posibles para evitarnos futuros disgustos.

Pero esto nos presenta un nuevo problema. Vamos a tener passwords bastante largos con una combinación sin sentido de letras, números y signos, que no vamos a ser capaces de recordar, ¿o sí?

Método para generar claves robustas fáciles de recordar

Venga, vamos a elegir nuestra clave. Sabemos que tiene que tener por lo menos ocho caracteres y que debe contener mayúsculas, minúsculas, números y signos. Lo primero que se me ocurre es empezar a aporrear el teclado para que me acabe saliendo la clave. Veamos qué pasa:

ouKG)(50?(HJITsd*a

¡Perfecta! 18 caracteres con mezcla de letras, números Es una clave totalmente válida según lo que hemos aprendido, pero ahora viene la segunda parte, hay que recordarla.

Siempre nos queda la opción de apuntarla en un papel o en un documento de texto; pero corremos el riesgo de que alguien pueda leerla y habremos perdido toda la seguridad que buscamos.

Lo ideal, evidentemente, es memorizar la clave y que solo la sepamos nosotros; pero si esa serie de caracteres no tiene ningún sentido, nos va a resultar muy costoso y corremos un alto riesgo de que la olvidemos en cuanto la dejemos de utilizar una semana.

Por lo tanto vamos a buscar una clave con esas mismas características y que sí podamos recordar más fácilmente.

Antes de entrar en materia cabe decir que métodos para generar claves hay cientos o miles. Cada usuario puede tener el suyo propio o adaptar cualquiera a sus propios gustos o necesidades. Yo aquí simplemente voy a exponer el mío para aquellas personas a quienes les pueda servir, pero esto no quiere decir que sea ni mejor ni peor que cualquier otro. Si tú encuentras un método que te resulta más efectivo para obtener tus contraseñas seguras, adelante con él.

Lo primero que vamos a hacer es elegir una frase que recordemos siempre. Da igual cual sea, puede ser un refrán, una cita de un libro, una canción o simplemente el poema que le escribiste a tu primer amor, eso ya es decisión tuya. En nuestro caso y para seguir el ejemplo, vamos a escoger:

Con diez cañones por banda viento en popa a toda vela

En este caso, la *Canción del pirata* de José de Espronceda va a ayudarnos a defendernos de sus homónimos del siglo XXI, los piratas informáticos.

Tenemos la frase que vamos a recordar siempre, perfecto. Segundo paso, sustituimos el diez en letras por números, y nos quedamos con la primera letra de cada una de las palabras. Nos queda algo tal que:

c10cpbvepatv

Esto ya se va pareciendo a lo que debe ser una contraseña robusta según hemos aprendido. Tenemos una serie de 12 caracteres con letras y números intercalados entre sí. Pero si queremos darle una mayor seguridad, nos falta por incorporar las mayúsculas y los símbolos.

En nuestro caso decidimos que, por ejemplo, las consonantes las pondremos en mayúsculas y las vocales en minúsculas (ya tenemos un paso más de seguridad). Nos queda:

C10CPBVePaTV

Y, si en esta combinación conseguimos introducir los caracteres especiales ya tendremos nuestra clave a prueba de ataques. Una buena opción en estos casos es sustituir alguna letra por símbolos que se le parezcan, así que nosotros vamos a cambiar las "C" por "(" (apertura de paréntesis), la "T" por "+" y además, la "a" que hay la cambiaremos por "@", quedándonos finalmente:

(10(PBVeP@+V

Otra buena opción, si no hemos incluido números, es cambiar letras por dígitos que se les parezcan, por ejemplo la "A" se puede sustituir por "4", la "B" por "8", la "O" por "0" Las sustituciones a realizar las debe hacer cada usuario en función de las necesidades particulares de cada caso.

Ya tenemos nuestra contraseña totalmente segura y fácil de recordar, o por lo menos eso creemos. Vamos a comprobarlo.

Comprobación de la seguridad de la contraseña

En muchas de las páginas o las aplicaciones donde debemos introducir claves, se incorporan algoritmos de verificación de la robustez de la contraseña elegida, pero si en algún caso esta opción no está presente, o simplemente queremos un análisis más exhaustivo de ella, podemos acceder a *http://www.passwordmeter.com*.

Este sitio web nos ofrece la posibilidad de introducir una clave y nos devuelve la seguridad que nos proporciona la misma, tras analizarla en función de una serie de características que debería cumplir.

Vamos a la página y comprobemos nuestro resultado:

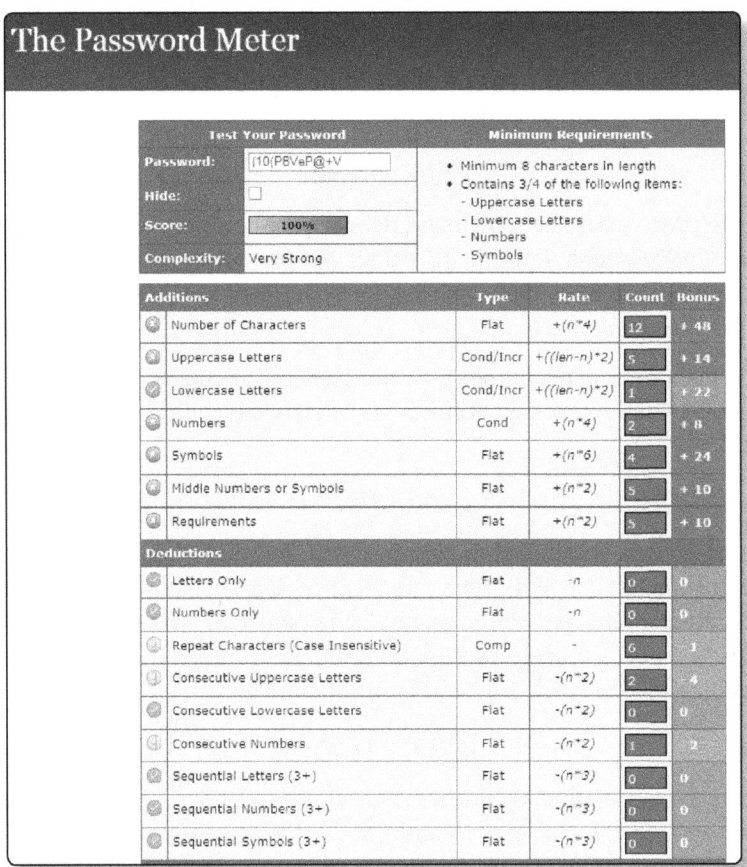

Figura A1. Comprobación de seguridad para la contraseña que hemos elegido

Como vemos, nos da un resultado del 100% y una valoración de complejidad muy fuerte del password que hemos escogido, con lo cual podemos estar tranquilos con nuestra contraseña a partir de ahora.

ANEXO III. CONFIGURACIÓN SEGURA DE MI WIFI

En primer lugar debemos tener a mano el manual del *router* que nos hayan instalado (generalmente vendrá incluido en la misma caja de aparato o nos indicarán una dirección web donde poder consultarlo). Los datos que se van a ir viendo en la explicación de cada paso son los más habituales, pero, en caso de que en algún modelo cambie, deberemos consultarlo en dicho manual.

NOTA: durante la explicación se van a incluir una serie de pantallazos del proceso para un router Livebox. Si la marca o el modelo de su equipo son diferentes, los nombres de las opciones y los menús pueden variar.

Paso 1: Cambiar la contraseña del administrador

IMPORTANTE: la contraseña que vamos a modificar en este punto no es la que introducimos en el ordenador para conectarnos a la red, sino aquella con la que accedemos a la configuración del router para poder modificar sus parámetros.

Para realizar cualquier tipo de administración en el equipo debemos conectarnos al mismo. Casi todos los modelos traen incluida una herramienta web que nos ayudará a la hora de realizar esta tarea.

Lo primero que hacemos es conectar nuestro ordenador a la red con la contraseña que nos venga por defecto (ya nos ocuparemos de cambiarla más adelante) y, a continuación, debemos escribir en la barra de direcciones de nuestro navegador la dirección del router. Habitualmente esta dirección será 192.168.1.1 o 192.168.1.254 (si no conseguimos acceder al mismo con ninguna de estas dos debemos buscar en el manual de usuario cual es la dirección en cuestión).

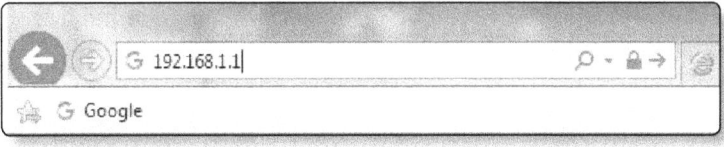

Figura A2. Introducción de la dirección del router en el navegador

Una vez conectados, lo primero que nos va a pedir es el nombre de usuario y la contraseña del administrador para poder entrar en las opciones de configuración. En este caso, los valores más típicos son:

▼ *User*: admin
▼ *Password*: admin o 0000 o 1234

Nuevamente, si estos no son los valores para nuestro modelo consultaremos en el manual de usuario.

Figura A3. Pantalla de login del administrador

Bien, estamos dentro de las tripas de nuestro nuevo amigo, pero ya hemos visto lo fácil que es acceder al cerebro de nuestra red doméstica una vez estamos conectados a la misma. Cualquiera podría cambiar todo aquello que quisiese sin demasiado esfuerzo, así que vamos a ponérselo un poco más difícil, y vamos a buscar la opción de cambiar la contraseña del usuario administrador.

Para hacer este proceso nos pedirá la contraseña que está activa en ese momento (con la que hemos accedido al router), y la contraseña nueva con su respectiva confirmación. Debemos elegir una contraseña que sea segura y que podamos recordar con facilidad, pero eso ya hemos aprendido a hacerlo. No se recomienda tampoco poner la misma contraseña que vamos a utilizar para acceder a la red desde los dispositivos, ya que cualquier atacante que hubiese conseguido romper ésta, sería de las primeras que probaría.

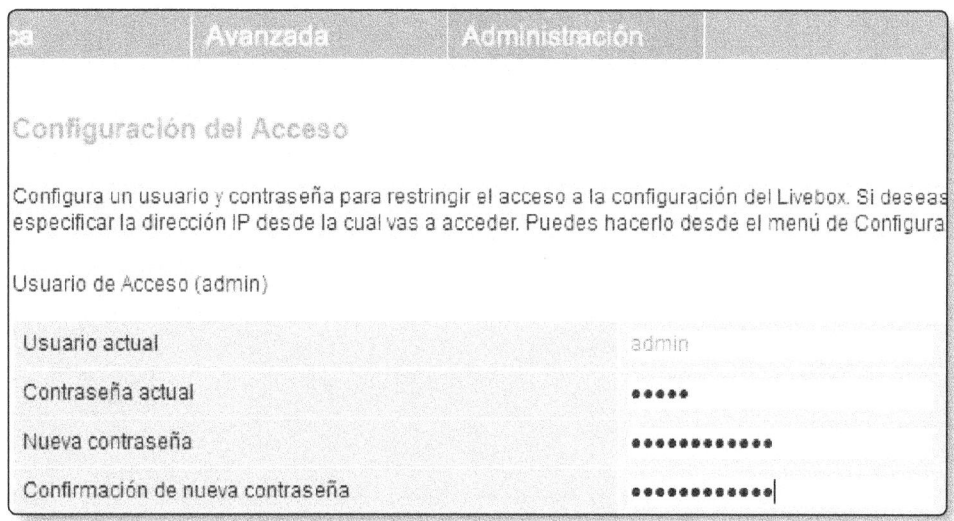

Figura A4. Cambio de contraseña del usuario administrador

Una vez apliquemos los cambios, la aplicación puede reiniciarse obligándonos a volver a identificarnos (no en todos los modelos sucede), pero en este caso ya con la nueva contraseña que SOLO nosotros sabemos. Ya hemos colocado la primera barrera a nuestro router.

Paso 2: Cambiar el nombre de la red (SSID)

El SSID es el nombre que tiene cada red, que las diferencia del resto. Cuando queremos conectar nuestro portátil o nuestro teléfono móvil a la wifi de nuestra casa, no solo nos aparece nuestra red, sino todas aquellas que tienen una cobertura suficiente para que nuestro dispositivo las detecte (la del vecino de arriba, la del bar de debajo de casa, la de la biblioteca de enfrente...). Este SSID es lo que nos permite diferenciar unas de otras para saber a cuál nos tenemos que conectar.

Por norma general, las compañías de teléfonos suelen incluir su propio nombre dentro del SSID del router. Esto, que a priori puede parecer un punto poco importante, sí que tiene su repercusión. Al saber el nombre de nuestro ISP (nuestra compañía telefónica), el atacante puede tener información sobre el modelo de router que estamos utilizando, lo que le puede hacer más fácil el camino de intrusión en nuestra red. Además, debemos saber que en Internet existen listas con las claves predefinidas que cada compañía introduce en sus configuraciones, por lo que el número de pruebas que deberán realizarse para conectarse a nuestra red es ínfimo.

Figura A5. Lista de SSID de redes detectadas

Para cambiarlo deberemos entrar en la configuración del router como administrador (al igual que se describió en el paso anterior, pero ya con la nueva contraseña). Se recomienda no poner ningún nombre que identifique la red ni con nuestro proveedor de telefonía ni con nosotros mismos.

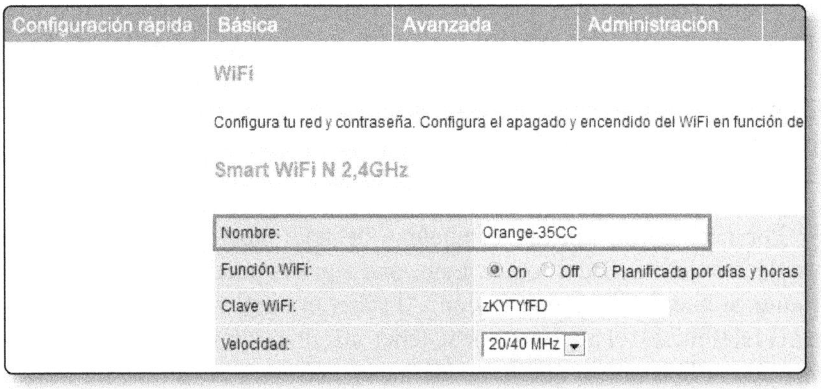

Figura A6. Campo para cambiar el SSID de la red

Al cambiar el nombre de la red, automáticamente nos desconectaremos de la misma, ya que nuestra conexión anterior busca el SSID antiguo. Deberemos volver a hacer la conexión a la wifi, esta vez con el nuevo nombre ya activo.

Paso 3: Cambiar el tipo de encriptación del *router*

Para que en nuestro ordenador, tableta o *smartphone* podamos tener los datos que nos llegan desde Internet, se establece la comunicación entre el dispositivo y el *router*, que es el encargado de enviárnoslos y de recibir los que mandamos nosotros para subirlos a la red.

Para aumentar el nivel de seguridad de las comunicaciones inalámbricas, todos los modelos de *routers* tienen implementados sistemas de encriptación que cifran todos estos intercambios de datos entre él y los usuarios.

Actualmente el cifrado WEP se ha quedado obsoleto por poder ser roto con relativa facilidad, y se recomienda que se emplee el cifrado **WPA + WPA 2 personal**, siempre que tanto el *router* como el dispositivo sean compatibles con este método (podemos tener problemas de compatibilidad con modelos antiguos en los que no estuviera implementado).

Todavía nos encontramos muchos modelos de routers que por defecto emplean WEP, por lo que es conveniente entrar en la configuración del mismo y comprobar este valor para, en caso necesario poder cambiarlo.

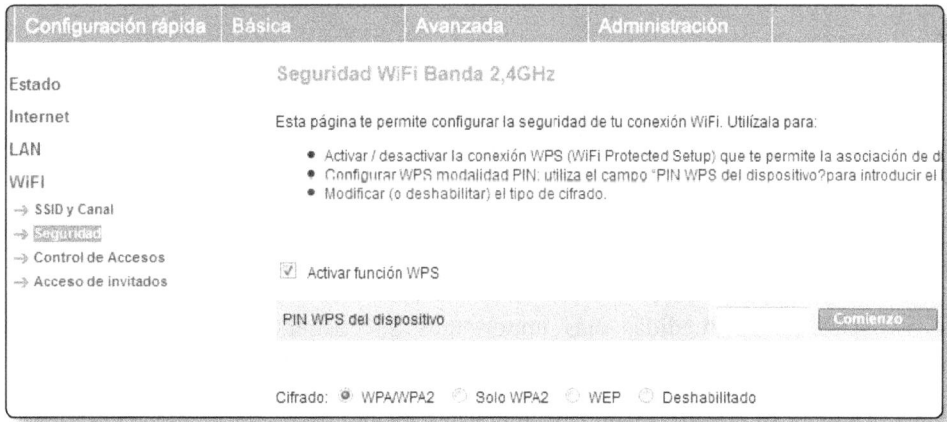

Figura A7. Opciones de cifrado del router

Una vez que le hemos indicado al *router* el cambio de modo de cifrado (si ha sido necesario hacerlo), debemos asegurarnos de que también se cambie en la conexión de nuestro ordenador.

Para ello debemos irnos a la lista de redes disponibles, pinchar con el botón derecho sobre la wifi en cuestión y abrir la ventana de Propiedades. Una vez dentro de ella, en la pestaña Seguridad, podemos comprobar el tipo de encriptación que se está empleando en la conexión entre el router y el dispositivo.

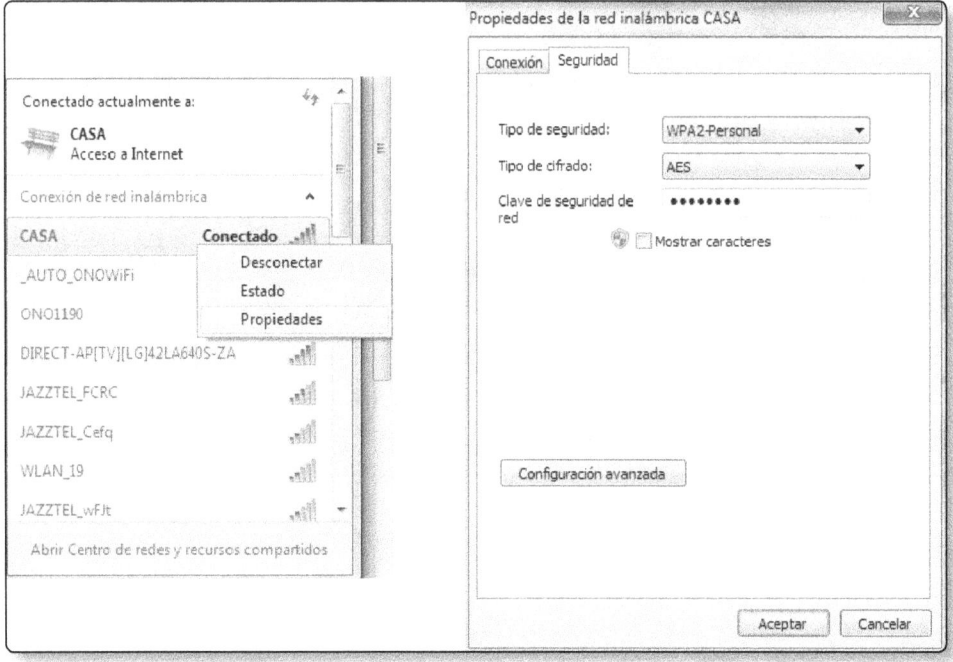

Figura A8. Ventanas de comprobación del tipo de cifrado

Paso 4: Cambiar la clave de acceso a la wifi

Una de las medidas más importantes que debemos tomar a la hora de securizar lo más posible nuestra red, es cambiar la clave de acceso a la misma.

Como ya hemos dicho, existen listas de las contraseñas por defecto que utilizan las compañías, por lo que es muy conveniente quitar la que nos viene de serie y poner una que solo conozcan las personas que se deben conectar a nuestra red.

No solo debemos preocuparnos de dificultar el acceso a nuestro *router* a ese vecino "gorrón", que quiere ahorrarse unos euros al mes navegando gracias a nuestra conexión (con la consiguiente pérdida de ancho de banda y de velocidad que vamos a sufrir), sino que, poniendo esta barrera, también estamos disuadiendo a posibles intrusos que quieran meterse donde nadie les ha llamado.

Una vez más entraremos en la aplicación web de configuración del router y buscaremos la opción que nos permita cambiar la contraseña de acceso.

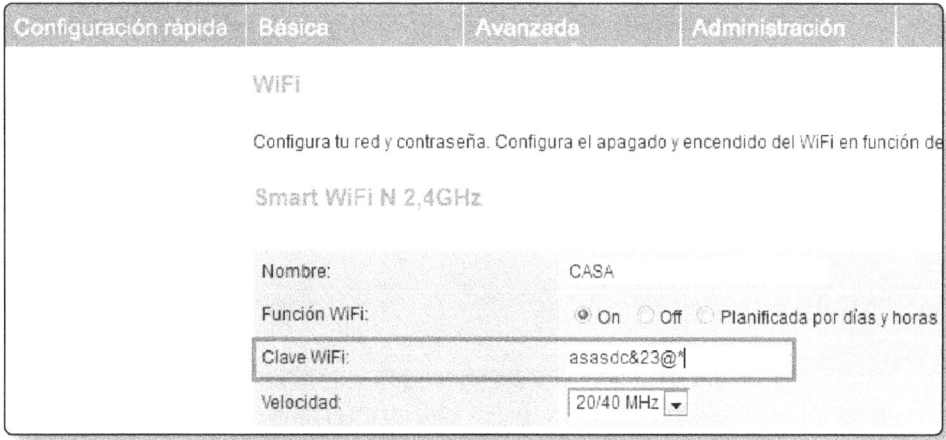

Figura A9. Campo de cambio de la clave de acceso a la red

Como ya sabemos, esta contraseña debe ser suficientemente robusta para no ser rota con facilidad, pero además es muy conveniente que la vayamos cambiando con cierta regularidad, especialmente si somos los responsables de una red en un espacio público (bares, restaurantes, hoteles) a la cual se conectan cada día docenas de usuarios distintos, y cuya clave se puede extender como la pólvora.

De la misma forma que nos pasaba al cambiar el nombre de la red, al cambiar la contraseña perderemos la conexión desde el ordenador al router, y tenemos que volver a conectarlos ahora ya con la nueva contraseña. Este paso no solo será necesario para el ordenador desde el que estamos configurando el router, sino que deberemos hacerlo con todos los dispositivos que estuvieran conectados antes (tabletas, smartphones, smartTVs…).

Paso 5: Actualizar el firmware del *router*

Es de gran importancia en la seguridad de nuestros equipos mantener actualizado todo el *software* que haya instalado en los mismos (ver Caso 3). En el caso de los equipos electrónicos, el código que llevan incluidos para poder funcionar de forma correcta se denomina *firmware*, y resulta igualmente esencial mantenerlo actualizado para cerrar todos aquellos agujeros de seguridad que el fabricante haya detectado en su producto, y no dejar puertas abiertas a los ciberdelincuentes.

Si bien esta tarea hace unos años resultaba tediosa y muy complicada de llevar a cabo, en la actualidad la mayoría de los modelos de router disponen de esta opción en sus aplicaciones de configuración, posibilitando a cualquier usuario poder realizar este proceso sin excesivos problemas.

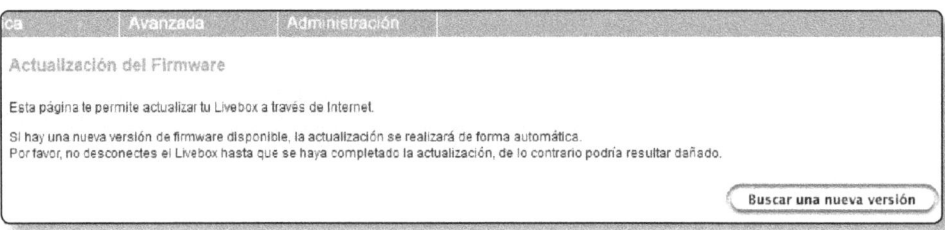

Figura A10. Pestaña de actualización del Firmware del router

Otras medidas de seguridad

Si hemos llevado a cabo las medidas que hemos visto hasta aquí, podemos asegurar que nuestra red es mucho más segura que el 99% de las que cualquier atacante pueda tener acceso, lo cual nos va a mantener a salvo de la gran mayoría de los posibles ataques de los que podamos llegar a ser víctimas. En otras palabras, ya no somos la gacela más lenta de la manada ante el ataque de los leones.

No obstante, existen otras medidas de seguridad que se pueden llevar a cabo dentro de la configuración de nuestros *routers* si queremos obtener un mayor grado de seguridad, como pueden ser:

▶ Configuración de una lista de acceso por filtrado de MAC: la MAC es una matrícula que identifica a cada tarjeta de red de forma única en la red. Si a nuestro *router* le decimos la lista de matrículas que pueden conectarse a él, el resto serán rechazadas, no dejando conectarse a los dispositivos de un usuario no autorizado. Es una medida de seguridad muy potente, pero requiere de un mayor grado de gestión de la red y los dispositivos.

- Ocultación del SSID: no muestra la red en la lista de redes disponibles de los dispositivos al buscarla. Si no aparece, la gente no sabe que existe. Nos vamos a proteger de ataques aleatorios que no nos busquen directamente a nosotros, pero cada vez que queramos conectar un equipo nuevo, debemos realizar la conexión de forma manual desde el Panel de Control.

- Temporizador wifi: nos permite establecer periodos de tiempo predeterminados en los que la red esté activada o desactivada según nuestras necesidades. Si la wifi solo está disponible cuando la necesitemos nosotros, nos aseguraremos de que el resto del tiempo no está expuesta a posibles ataques.

Estas medidas nos dan mayor seguridad, pero van dirigidas a usuarios más avanzados al requerir de mayores conocimientos de gestión de redes y equipos. Queda a elección de cada usuario el nivel hasta el que se quiere llegar en función de su caso particular.

ANEXO IV. CIFRADO DE ARCHIVOS CON AXCRYPT

Si bien Windows, desde Vista, incorpora la herramienta de cifrado Bitlocker, como ya se citó en el Caso *11*, no todas las compilaciones del sistema operativo ofrecen dicha aplicación, reservándose únicamente para las más completas (Pro, Ultimate o Enterprise, según la versión), y por norma general el usuario medio no va a disponer de ellas.

Por esto, para desarrollar esta guía, he optado por utilizar un *software* específico que podremos descargar de forma gratuita desde Internet, y que podremos usar sea cual sea nuestra versión del sistema operativo.

La aplicación elegida ha sido Axcrypt, y a continuación vamos a ir viendo, paso a paso, cómo descargar, instalar y utilizar la misma para tener un dispositivo de almacenamiento extraíble USB con todos nuestros datos cifrados y que, en caso de pérdida o robo, no puedan ser legibles para nadie.

Descarga de la aplicación

Axcrypt es un *software* libre, es decir, es desarrollado por un grupo de personas que no buscan un beneficio económico con el producto, por lo que podemos descargarlo de forma gratuita desde Internet.

A lo largo de este libro ya hemos aprendido a descargar archivos de forma segura de la red, así que lo primero que vamos a hacer es buscar la página oficial del *software*: *http://www.axantum.com/axcrypt/*

Una vez dentro de la web, buscamos el apartado de descargas que encontramos como Downloads en la parte superior derecha.

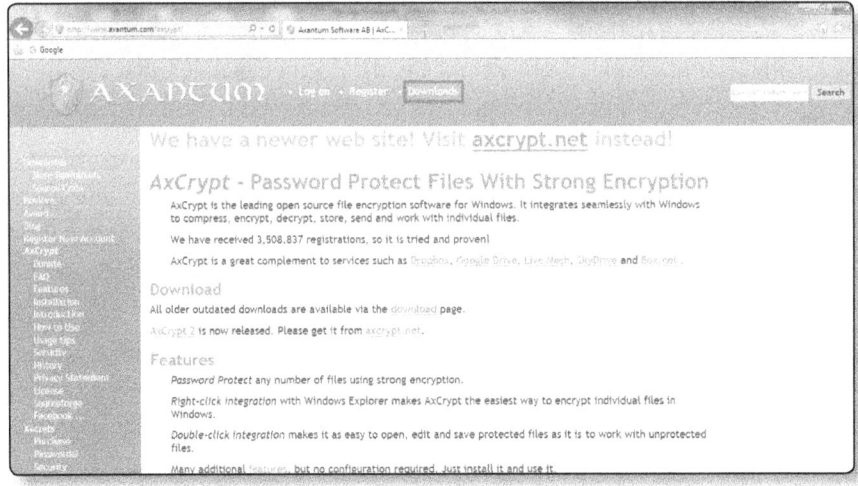

Figura A11. Página web de Axantum, desarrollador de Axcrypt.

Bien, ya tenemos nuestro archivo de instalación, así que vamos con ello.

Instalación de la aplicación

Localizamos el fichero de instalación que acabamos de descargar y hacemos doble clic sobre él para ejecutarlo.

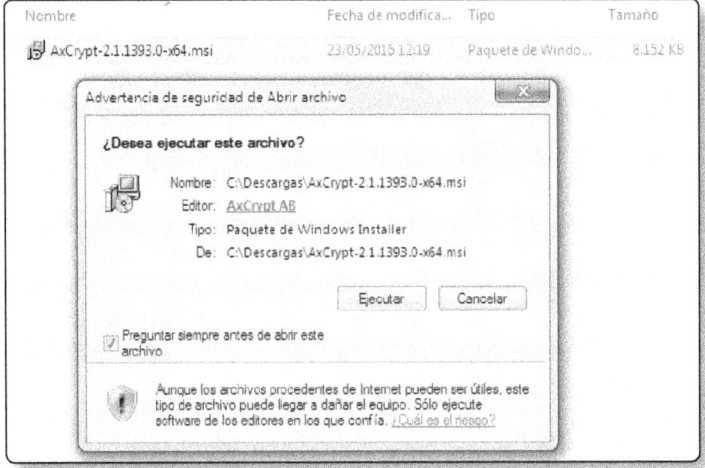

Figura A12. Ejecución del archivo de instalación

Pinchamos en el botón Ejecutar que nos aparece y, en la siguiente ventana, marcamos la opción I accept the terms in the License Agreement, y pulsamos en Install.

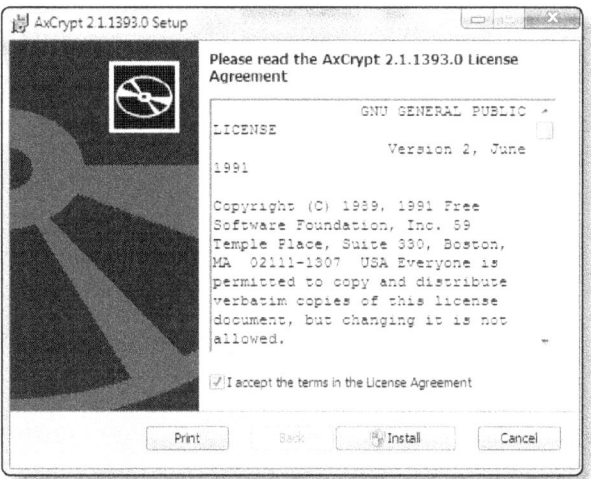

Figura A13. Aceptamos los términos de la licencia e instalamos

El sistema operativo nos puede pedir confirmación para instalar el programa, aceptamos y se llevará a cabo la instalación. Si no ocurre ningún error, nos aparecerá la pantalla de finalización de la instalación, dejamos marcada la opción Start AxCrypt y pinchamos en el botón Finish. Automáticamente la aplicación se ejecutará para empezar a trabajar con ella.

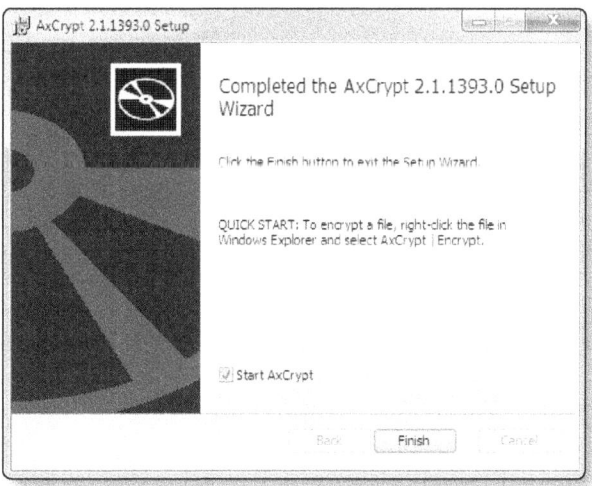

Figura A14. Pantalla de fin de instalación

Registro y activación de la herramienta Axcrypt

En la primera ejecución de Axcrypt nos aparece una ventana donde debemos introducir un correo electrónico real y en funcionamiento para registrarnos. Escribimos nuestro correo en el campo que hay para ello y pulsamos OK.

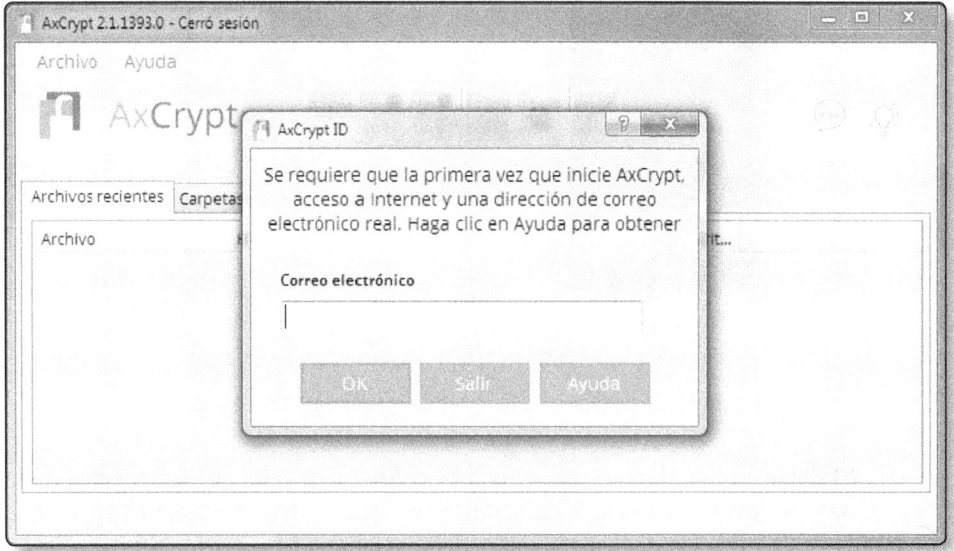

Figura A15. Pantalla de registro

Una vez hecho esto nos informan de que nos hemos registrado con ese nombre, y nos envían al correo que hemos facilitado un código de seis cifras con el que deberemos activar nuestro usuario. Vamos a nuestra cuenta de correo a por él. En caso de no encontrarlo en la Bandeja de entrada, mira también en la bandeja de Correo no deseado; puede ocurrir que se detecte como *spam* y nos lo guarde en esta ubicación.

En la ventana de activación que vamos a encontrarnos ahora, ponemos el código y nos pide que elijamos una contraseña (que deberemos poner dos veces como comprobación). Ya hemos aprendido cómo deben ser nuestros passwords, y nos incluyen un sistema para comprobar su idoneidad; así que vamos a hacer que la barra que hay entre los dos campos de contraseña se rellene todo lo posible.

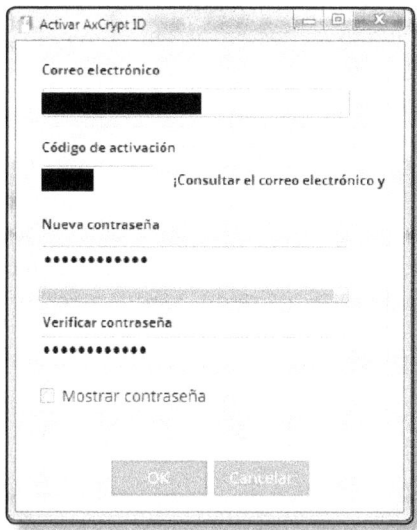

Figura A16. Ventana de activación

Por fin estamos registrados y podemos comenzar a cifrar nuestra información.

Axcrypt nos muestra una ventana donde nos explica las formas que tenemos para cifrar nuestros archivos.

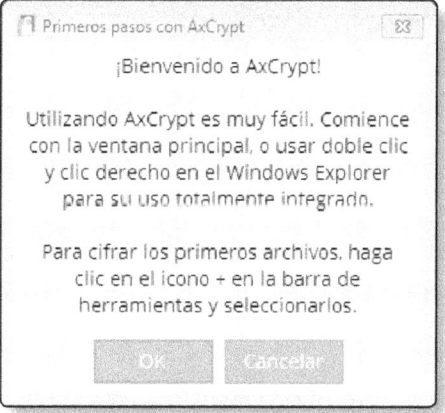

Figura A17. Pantalla de bienvenida

Pulsamos *OK*. El programa nos abre una página web donde podemos informarnos de las características del producto y su forma de uso. Puedes echarle un vistazo para familiarizarte más con él.

Cuando volvemos a la aplicación nos pide que nos identifiquemos con la contraseña que hemos elegido en los pasos anteriores. Lo hacemos y ya estamos dentro para empezar a trabajar.

Cifrado de archivos

Únicamente nos queda cifrar aquellos archivos que nos interese proteger. Axcrypt nos ofrece dos formas de trabajo para realizar esta tarea, mediante la propia aplicación y con el botón derecho del ratón. Vamos a verlas.

Para realizar la prueba creamos un archivo con Microsoft Word llamado Prueba cifrado con Axcrypt.docx e introducimos un breve texto explicando el cometido del mismo.

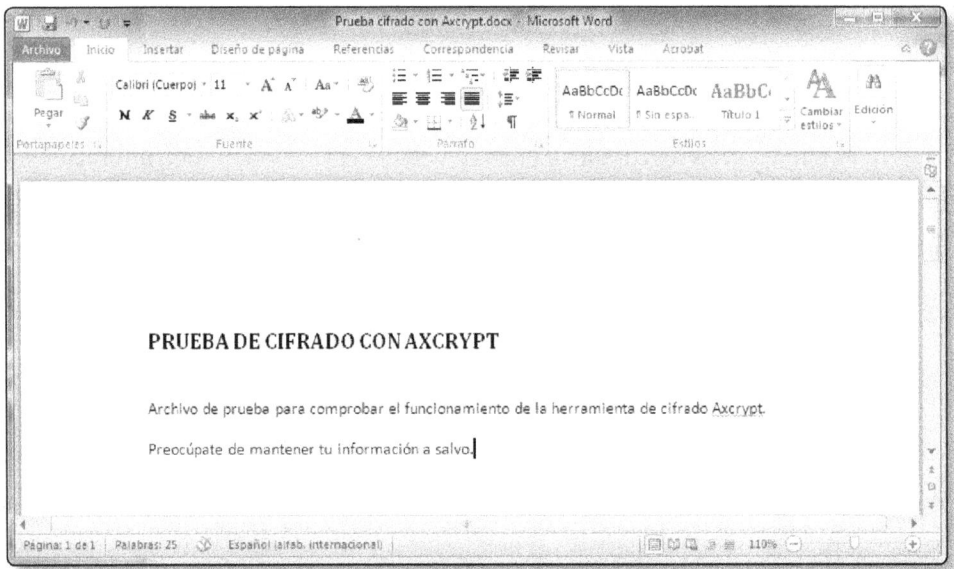

Figura A18. Archivo original con el texto en claro

En primer lugar localizamos el archivo y hacemos clic sobre él con el botón derecho del ratón. Pinchamos sobre AxCrypt, y en el nuevo menú que nos aparece clicamos en Encrypt.

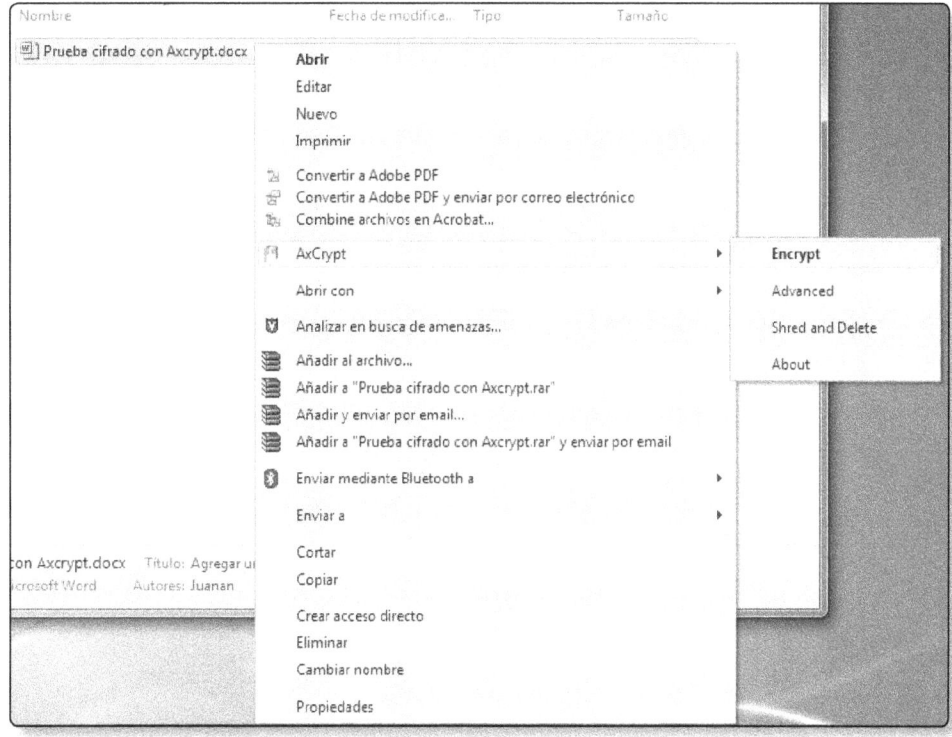

Figura A19. Cifrado de archivo con el botón derecho del ratón

Comprobamos cómo, después de un momento, el archivo de texto .docx que teníamos se ha convertido en un archivo cifrado axx. No nos pide clave de cifrado, ya que el algoritmo utiliza como contraseña la que hemos introducido al registrarnos en la aplicación.

Figura A20. Nuevo archivo encriptado

Si hacemos doble clic sobre el archivo para abrirlo, comprobamos que podemos leerlo sin problema en Microsoft Word, su información no está cifrada. Esto se debe a que lo hemos hecho en el mismo ordenador donde tenemos instalado Axcrypt, que se encarga de descifrar los ficheros para que podamos trabajar con ellos. Si nos llevamos el archivo y lo intentamos abrir en otro ordenador, esto es lo que nos encontramos:

Nombre	Fecha de modifica...	Tipo	Tamaño
Prueba cifrado con Axcrypt-docx.axx	28/05/2016 13:44	Archivo AXX	15 KB

Figura A21. Vista del archivo en un ordenador distinto

Como vemos, si alguien que no tiene ni el programa ni nuestra clave intenta abrir el archivo solo va a poder ver una serie de caracteres sin sentido. Nuestra privacidad está a salvo.

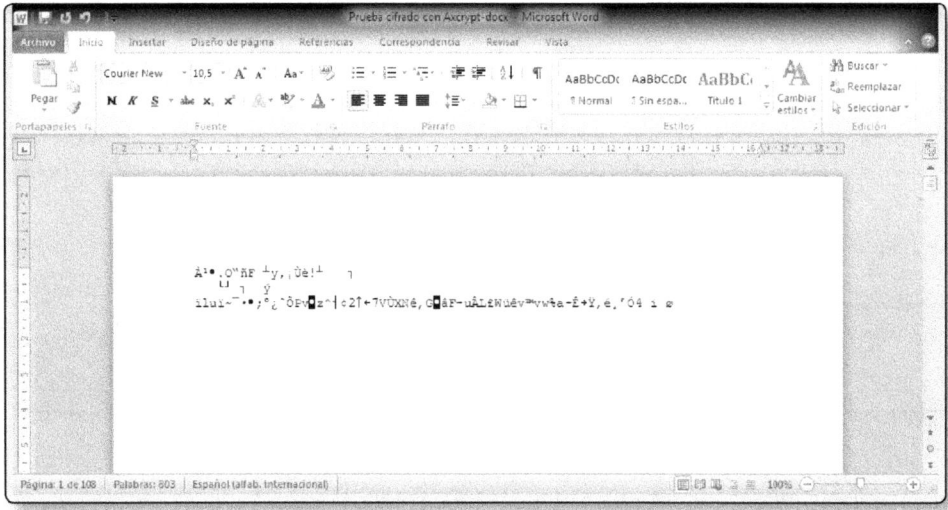

Figura A22. Texto cifrado visto en otro equipo

Si en cambio preferimos hacerlo desde la aplicación, en la pestaña Archivos recientes pinchamos sobre el botón con el símbolo +.

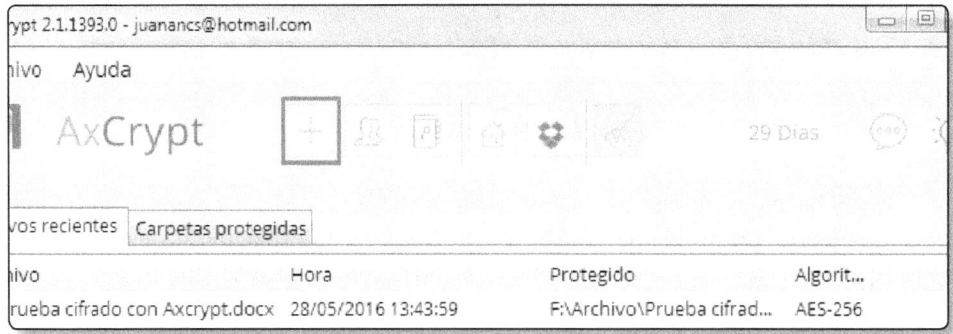

Figura A23. Ventana para encriptar archivos dentro de la aplicación

Esto nos abrirá un explorador de Windows donde deberemos buscar la ubicación del archivo y lo seleccionamos. El programa cifrará de la misma forma que lo hacía con el método anterior.

Con esto hemos visto cómo cifrar un único archivo. Si quisiéramos cifrar todo el contenido de una carpeta, o incluso, cifrar toda la información que tengamos en una unidad de almacenamiento extraíble o nuestro propio disco duro, bastaría con pinchar con el botón derecho sobre el elemento en cuestión, y seguir los mismos pasos, pero en este caso nos encriptará todos los ficheros que haya dentro. Con la aplicación deberíamos hacerlo igual que para el archivo, pero abriendo el elemento en cuestión y seleccionando todo su contenido.

ANEXO V. CONFIGURACIÓN DE PRIVACIDAD EN FACEBOOK Y TWITTER

La aparición de las redes sociales supuso una nueva revolución en la forma de relacionarse de los usuarios a través de Internet. Aunque antes ya se habían comenzado a desarrollar portales web con estas finalidades, podemos señalar 2004 como punto de inflexión en este tema al lanzarse Facebook ese mismo año, cuya semilla está en la Universidad de Harvard, pero que en poco tiempo se extendió como la pólvora al resto del mundo.

Después de él, aparecieron otras redes como Twitter, Tuenti, Linkedin, Instagram, Youtube, Flickr, Pinterest y muchas otras más, cada una con una orientación diferente para el usuario, pero con la misma finalidad de conectar a usuarios de todo el mundo con algún interés en común.

En la actualidad, millones de usuarios se conectan diariamente a una o varias o de estas redes, en las cuales comparten una cantidad ingente de información personal sin pararse a pensar (en la mayoría de los casos) en las repercusiones que puede tener que estos datos estén al alcance de cualquiera.

Como ya vimos en el Caso 14, es muy importante mantener nuestra privacidad en las redes sociales bajo control, y la mayoría de ellas nos ofrecen la posibilidad de configurarla según nuestras necesidades.

Pero esto es algo desconocido para muchísimos usuarios, algo por lo que ni siquiera se han preocupado nunca. Tú ahora conoces la importancia de llevar una buena gestión sobre este tema, por lo que voy a explicarte la manera que nos ofrecen las dos principales redes sociales que encontramos por Internet de configurar tu privacidad, manteniendo de esta forma tu información personal lejos de miradas indiscretas: Facebook y Twitter.

Facebook

Para poder configurar los parámetros de privacidad que nos ofrece Facebook debemos abrir nuestra cuenta e irnos a la sección Configuración que nos ofrece el menú desplegable de la parte superior derecha de la pantalla.

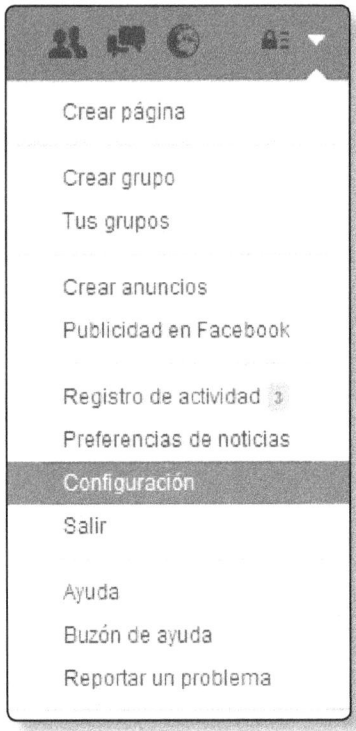

Figura A24. Acceso a la configuración de Facebook

Una vez dentro, disponemos de varias pantallas que debemos conocer para configurarlas según nuestras necesidades:

General

En esta pantalla encontramos datos como nuestro nombre, la dirección de correo asociada a nuestra cuenta de la red social o nuestra contraseña. Las funciones principales que nos ofrece con vistas a nuestra seguridad es poder cambiar el correo por uno diferente (por ejemplo, si sospechamos que nos han robado la cuenta del correo electrónico), y la gestión de nuestra contraseña de acceso, lo cual ya hemos aprendido a hacerlo.

Figura A25. Configuración general de la cuenta de Facebook

Seguridad

Esta es una de las secciones a la que más atención deberemos prestar. Su objetivo principal es que el usuario pueda evitar que alguien entre en su cuenta sin su consentimiento mediante la aplicación de una serie de medidas, como son: la alerta si se intenta iniciar sesión desde un dispositivo desconocido, o el uso de aprobaciones de inicio de sesión como doble medida de seguridad.

Además nos ofrece herramientas de control de nuestra cuenta de usuario, como poder comprobar dónde se ha iniciado sesión anteriormente o el cifrado con OpenPGP de nuestro perfil y notificaciones.

Configuración de seguridad

Alertas de inicio de sesión	Recibe una alerta cuando alguien inicie sesión en tu cuenta desde un dispositivo o navegador no reconocido.	Editar
Aprobaciones de inicio de sesión	Usa tu teléfono como una medida adicional de seguridad para evitar que otras personas entren a tu cuenta.	Editar
Generador de códigos	Usa tu aplicación de Facebook para obtener códigos de seguridad cuando los necesites.	Editar
Contraseñas de aplicaciones	Usa contraseñas especiales para iniciar sesión en tus aplicaciones en vez de usar tu contraseña de Facebook o los códigos de aprobación de inicio de sesión.	Editar
Clave pública	Administra una clave OpenPGP en tu perfil de Facebook y activa las notificaciones cifradas.	Editar
Contactos de confianza	Elige a los amigos a los que puedes llamar para recuperar tu cuenta si se te bloquea.	Editar
Tus navegadores y aplicaciones	Consulta los navegadores que guardaste como los que usas con frecuencia.	Editar
Dónde iniciaste sesión	Revisa y controla dónde iniciaste la sesión actual de Facebook.	Editar
Contacto de legado	Elige a un familiar o un amigo cercano para que se ocupe de tu cuenta si te sucede algo.	Editar
Desactivar tu cuenta	Elige si quieres desactivar tu cuenta o mantenerla activa.	Editar

Figura A26. Configuración de seguridad de Facebook

Privacidad

No queremos que cualquiera que acceda a nuestro perfil pueda ver la información que tenemos compartida en él ¿verdad?, pues aquí es donde debemos configurar este parámetro.

Desde esta ventana elegiremos quién podrá ver nuestras publicaciones según nuestras necesidades. Además podremos configurar si alguien que nos busca nos puede encontrar mediante el buscador de la red social o algún otro de Internet, o si alguien que no esté entre nuestros contactos puede enviarnos mensajes o no.

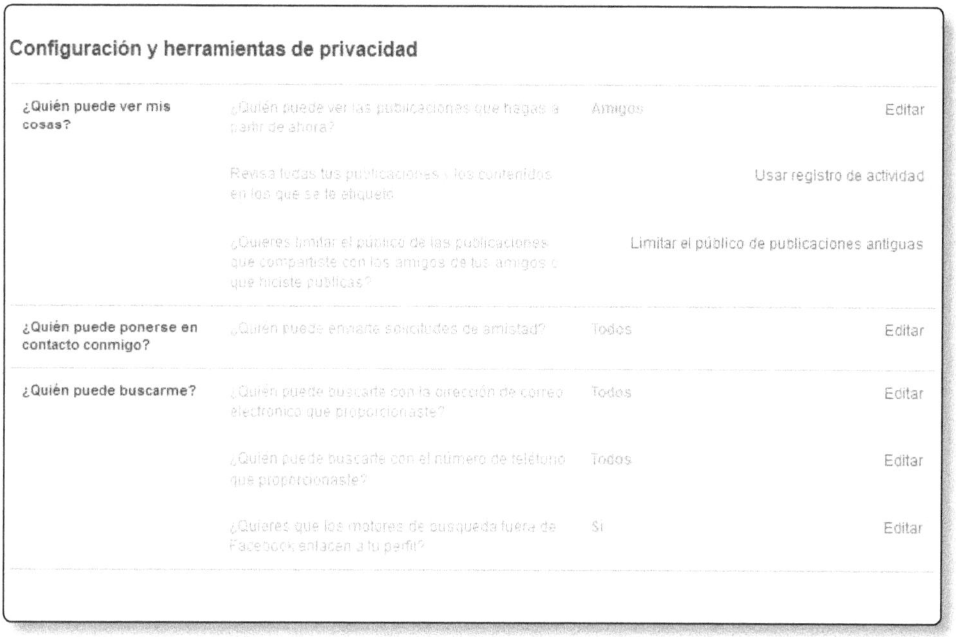

Configuración y herramientas de privacidad			
¿Quién puede ver mis cosas?	¿Quién puede ver las publicaciones que hagas a partir de ahora?	Amigos	Editar
	Revisa todas tus publicaciones y los contenidos en los que se te etiquete		Usar registro de actividad
	¿Quieres limitar el público de las publicaciones que compartiste con los amigos de tus amigos o que hiciste públicas?		Limitar el público de publicaciones antiguas
¿Quién puede ponerse en contacto conmigo?	¿Quién puede enviarte solicitudes de amistad?	Todos	Editar
¿Quién puede buscarme?	¿Quién puede buscarte con la dirección de correo electrónico que proporcionaste?	Todos	Editar
	¿Quién puede buscarte con el número de teléfono que proporcionaste?	Todos	Editar
	¿Quieres que los motores de búsqueda fuera de Facebook enlacen a tu perfil?	Sí	Editar

Figura A27. Configuración y herramientas de privacidad de Facebook

Biografía y etiquetado

Este menú nos va a permitir ir un paso más allá en cuanto a la privacidad de nuestra información en la red social.

Desde aquí podemos configurar quiénes van a poder hacer publicaciones en nuestro perfil y revisarlas antes de que sean hechas públicas para cualquiera. Además, podremos elegir quién verá estas publicaciones que no hemos hecho nosotros mismos, y administrar las etiquetas en las que aparecemos.

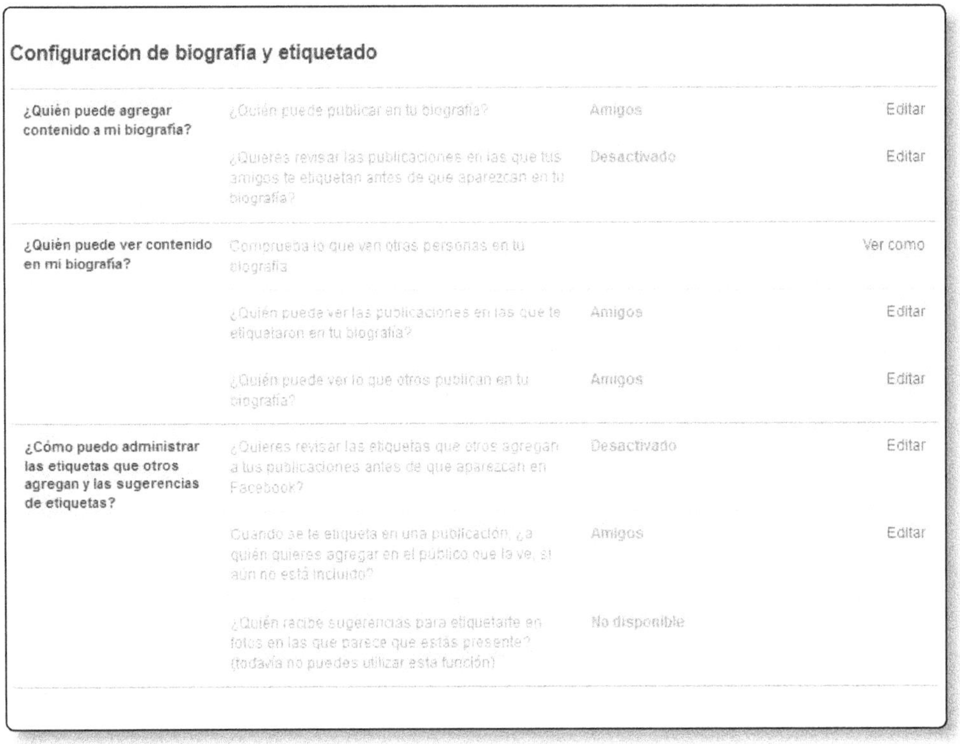

Configuración de biografía y etiquetado			
¿Quién puede agregar contenido a mi biografía?	¿Quién puede publicar en tu biografía?	Amigos	Editar
	¿Quieres revisar las publicaciones en las que tus amigos te etiquetan antes de que aparezcan en tu biografía?	Desactivado	Editar
¿Quién puede ver contenido en mi biografía?	Comprueba lo que ven otras personas en tu biografía		Ver como
	¿Quién puede ver las publicaciones en las que te etiquetaron en tu biografía?	Amigos	Editar
	¿Quién puede ver lo que otros publican en tu biografía?	Amigos	Editar
¿Cómo puedo administrar las etiquetas que otros agregan y las sugerencias de etiquetas?	¿Quieres revisar las etiquetas que otros agregan a tus publicaciones antes de que aparezcan en Facebook?	Desactivado	Editar
	Cuando se te etiqueta en una publicación, ¿a quién quieres agregar en el público que la ve, si aún no está incluido?	Amigos	Editar
	¿Quién recibe sugerencias para etiquetarte en fotos en las que parece que estás presente? (todavía no puedes utilizar esta función)	No disponible	

Figura A28. Configuración de biografía y etiquetado de Facebook

Aplicaciones

Facebook también nos da la posibilidad de administrar las aplicaciones que utilizamos a través de la propia red.

Debemos conocer los datos a los que hemos dado acceso a cada una de estas aplicaciones y, llegado el caso, modificarlos si creemos que ponen en riesgo nuestra privacidad.

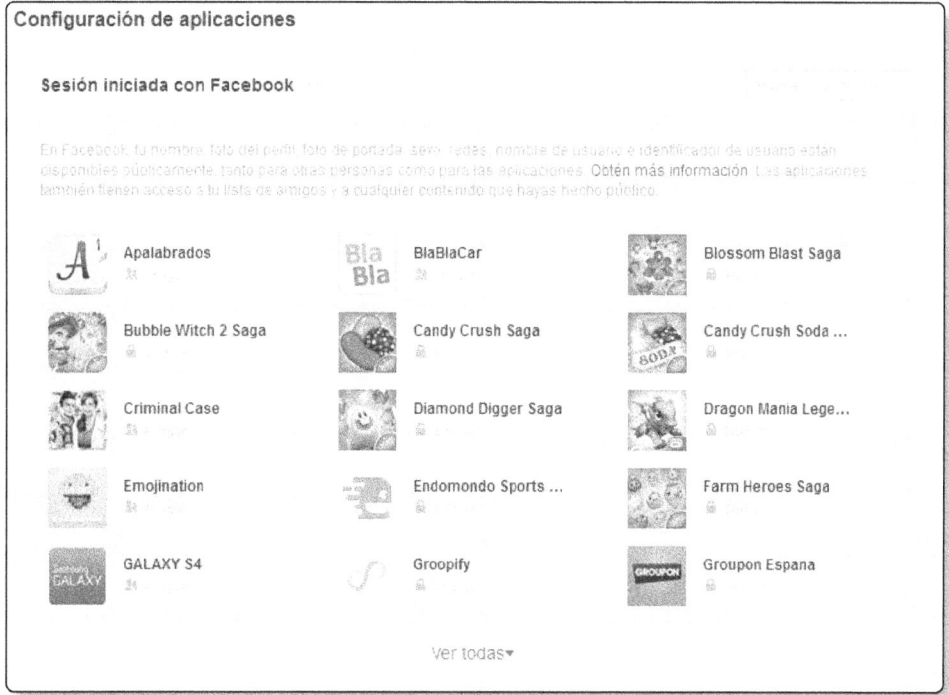

Figura A29. Configuración de aplicaciones de Facebook

En este sentido, también podemos llevar un control sobre si se permite utilizarlas o no, el acceso a nuestra información de aplicaciones usadas por terceros, o la privacidad de los datos si utilizamos versiones antiguas de la aplicación para móviles, donde no se disponía de estas herramientas de configuración.

Figura A30. Otras opciones de configuración de aplicaciones de Facebook

¿Cómo darse de baja de Facebook?

Otro de los puntos comprometidos de las redes sociales lo encontramos cuando queremos darnos de baja de ellas. Muchas veces la información ofrecida al respecto no es todo lo clara que debería, así que voy a explicar las formas que tenemos de hacerlo.

En primer lugar, tenemos la opción de Desactivar la cuenta temporalmente. Esto dejará nuestra cuenta como inactiva pero se podrá volver a recuperar en el futuro. Esta opción está disponible en el menú Configuración, dentro de la pestaña Seguridad.

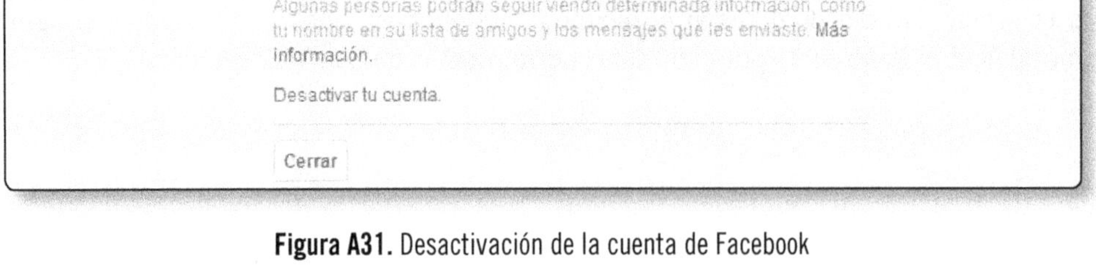

Figura A31. Desactivación de la cuenta de Facebook

Si, por el contrario, queremos dar de baja la cuenta de forma definitiva, nos deberemos poner en contacto con Facebook para hacérselo saber. El enlace para realizar esta tarea, que lo podemos encontrar en la ayuda de la red social, es el siguiente: *https://www.facebook.com/help/delete_account*

Twitter

De la misma forma que hacíamos en el caso de Facebook, en Twitter debemos entrar en el menú Configuración del perfil para poder configurar toda nuestra privacidad en la red social.

Figura A32. Acceso al menú de configuración de Twitter

Cuenta

El primer apartado en el que vamos a reparar es el de Cuenta. Desde este punto podemos consultar y cambiar, si así lo deseamos, tanto nuestro nombre como la dirección de correo electrónico que tenemos asociada a nuestra cuenta de usuario en Twitter.

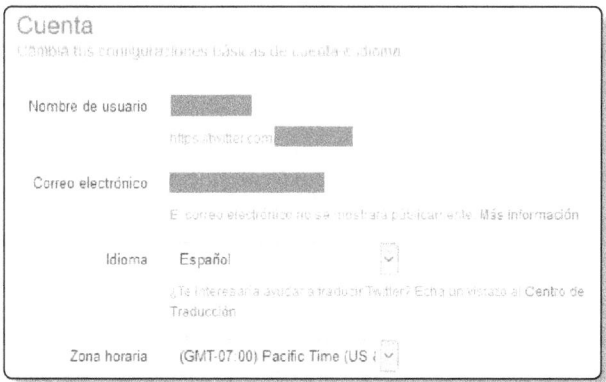

Figura A33. Configuración general de la cuenta de Twitter

Seguridad y privacidad

La sección de *Seguridad y Privacidad* de nuevo va a ser de las más importantes que tenemos a nuestra disposición.

En el apartado de Seguridad, vamos a evitar que alguien no autorizado acceda a nuestra cuenta mediante verificaciones o códigos de inicio de sesión. También podemos configurar que para restablecer nuestra contraseña se requiera información personal que deberemos especificar una vez marcada esta opción.

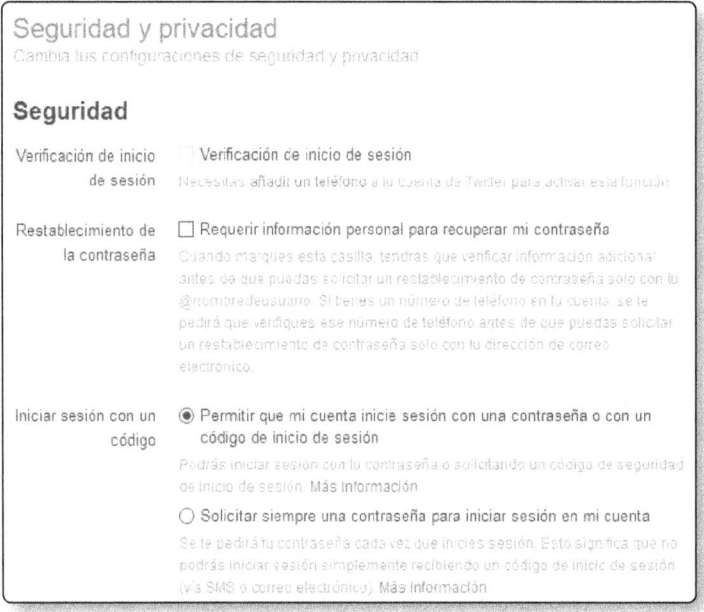

Figura A34. Configuración de seguridad en Twitter

En cuanto a la privacidad, Twitter pone a nuestra disposición un amplio abanico de herramientas que nos ayudarán a configurar nuestra cuenta según nuestras necesidades.

Entre ellas encontramos la privacidad de nuestros tuits (haciéndolos visibles solo para quien nosotros queramos), sus etiquetas de ubicación, o el etiquetado que otras personas pueden hacer de nosotros en sus fotografías.

Además, podemos configurar los parámetros para las búsquedas que hagan otros usuarios de nuestra cuenta, para los mensajes que nos dirijan, o para dejar que nos "sigan" o no.

Incluso tenemos la opción de elegir si queremos ver contenidos publicitarios.

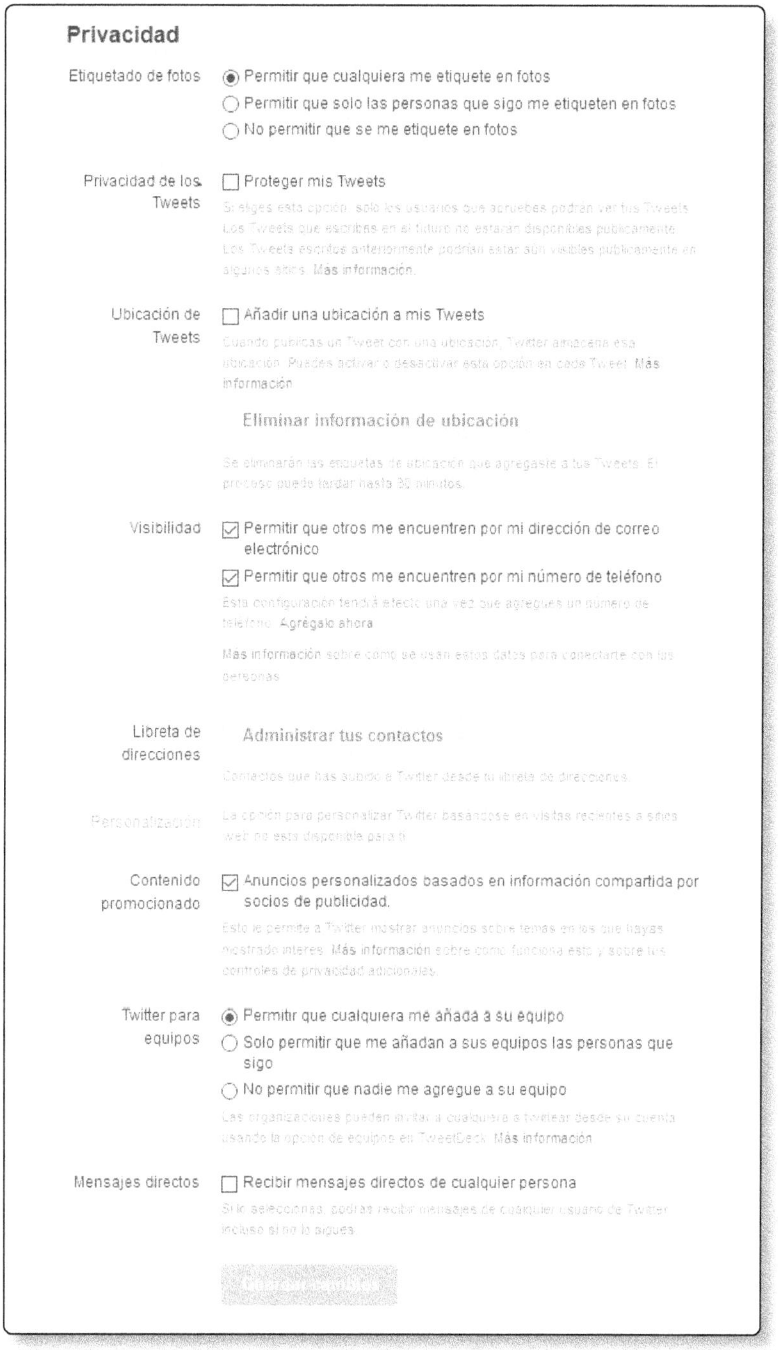

Figura A35. Configuración de privacidad de Twitter

Contraseña

La siguiente sección nos va a permitir modificar la contraseña de acceso a la cuenta que tenemos configurada. No hay mucho más que decir sobre ella, ya sabemos cómo deben ser nuestras contraseñas y la gestión que debemos hacer de las mismas.

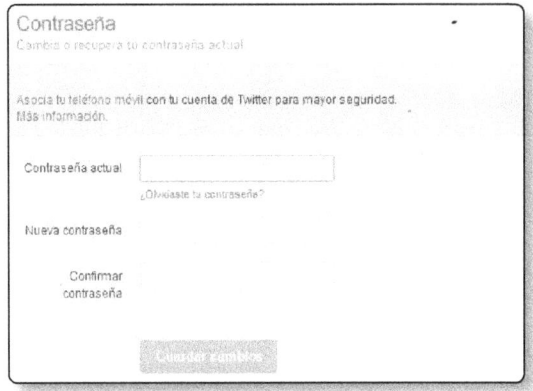

Figura A36. Cambio de contraseña en Twitter

Aplicaciones

Las aplicaciones suelen ser software desarrollado por otras empresas ajenas a Twitter y que acceden a tu información dentro de la red social, por lo que, como pasaba en el caso de Facebook, debemos controlar los permisos que les otorgamos para que nuestra privacidad no se vea comprometida.

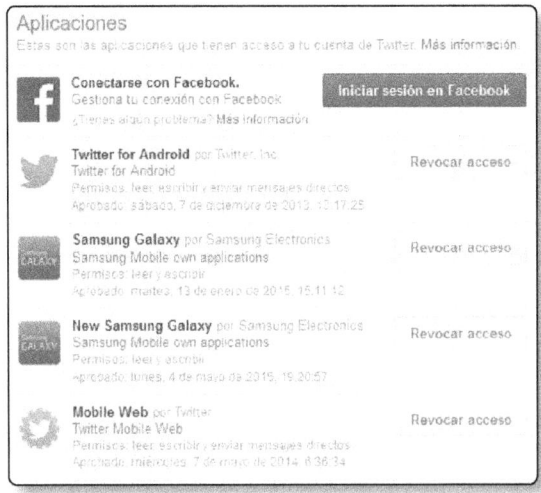

Figura A37. Configuración de aplicaciones de Twitter

¿Cómo desactivar la cuenta de Twitter?

Al contrario de como veíamos con Facebook, Twitter solo nos ofrece la opción de dar de baja la cuenta y no la de desactivarla de forma temporal; aunque sí es verdad que una vez comenzado el trámite de baja, tus datos se guardarán durante 30 días a lo largo de los cuales podremos recuperar nuestro usuario simplemente volviendo a iniciar la sesión desde cualquier dispositivo.

Una vez transcurrido este tiempo, los datos que hay colgados en nuestro perfil serán eliminados de forma permanente (por lo menos del perfil, no sabemos qué pasa con los datos que están almacenados en sus propios servidores, claro).

Para proceder a la desactivación de la cuenta, debemos entrar en el menú Configuración de nuestro perfil y, posteriormente, en la sección Cuenta. Al final de las opciones encontraremos la buscada.

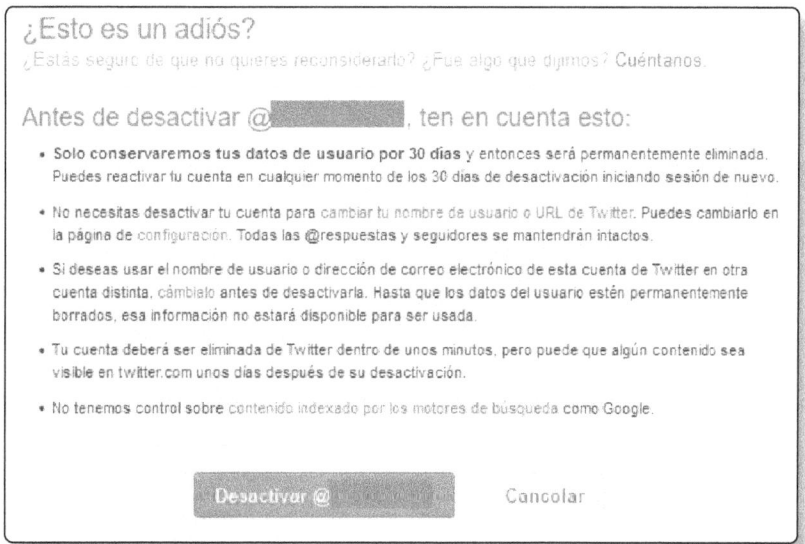

Figura A38. Desactivación de la cuenta de Twitter

Como hemos podido comprobar, la configuración de privacidad tanto en Facebook como en Twitter es muy similar, y lo será también en la mayoría de las redes sociales que podamos utilizar día a día.

Si usas estas redes sociales, o cualquier otra, navega por sus opciones de privacidad y haz que tu información esté siempre lo más segura posible y a la vista únicamente de aquellas personas que tú decidas.

ANEXO VI. CONSULTA Y BORRADO DE LOS METADATOS DE LAS FOTOS

En el Caso 38 aprendiste qué es eso de los metadatos que se quedan almacenados en las fotos que hacemos con el móvil sin que ni siquiera lo sepamos, y que pueden ser consultados después por cualquiera que tenga acceso a la fotografía.

Ya sabes la importancia que puede tener que toda esa información circule libremente; así que vamos a ver con un ejemplo práctico toda esa información almacenada, cómo quedan las fotografías después de haber sido enviadas por Whatsapp o subidas a Facebook y a Twitter, y qué podemos hacer para eliminar todos esos datos en caso de que queramos compartir alguna imagen, pero sin dejar disponibles la fecha o la localización donde fue hecha, el modelo de dispositivo, etc....

Consulta de los metadatos

Para realizar las distintas pruebas que nos interesan en este Anexo vamos a basarnos en la siguiente fotografía:

Figura A39. Imagen original

Yo mismo hice esa foto. Sé cuándo y dónde la tomé. Pero si llegara a manos de alguien, ¿qué podría averiguar con ella? A simple vista, salvo que sepa identificar el lugar, poco más, pero veamos qué pasa si acudimos a los metadatos.

Para ello no vamos a instalar ningún software en el equipo, simplemente vamos a acudir a una de las muchas aplicaciones online que tenemos disponibles en la red para este propósito. En nuestro caso vamos a optar por la web de Metapicz (http://metapicz.com).

Figura A40. Pantalla inicial de Metapicz

Cuando entramos en la página vemos que nos ofrece dos opciones: consultar los datos de un archivo que tengamos (el cual va a ser nuestro caso), o ver los metadatos de una imagen que esté colgada en Internet a través de su URL. Pinchamos sobre *or select* y seleccionamos en el explorador de archivos que nos aparece, la imagen con la que vamos a trabajar.

Automáticamente el sitio nos ofrece todos los metadatos que están almacenados en la fotografía, pero nosotros nos vamos a centrar en tres principalmente debido a su importancia de cara a la seguridad de nuestra información: el modelo de teléfono móvil desde el que se ha hecho, la fecha y la localización.

Nos fijamos en la sección Camera. Vemos como los dos primeros campos nos muestran tanto el fabricante como el modelo que se ha empleado:

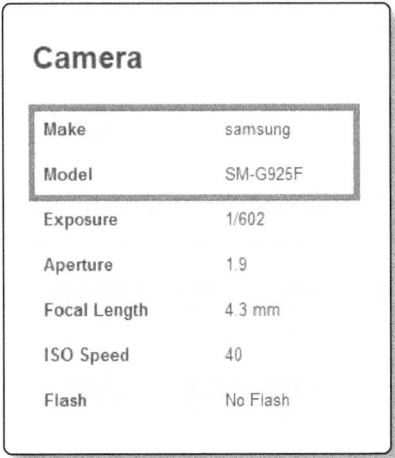

Figura A41. Datos de la cámara en la fotografía original

En la sección Location nos muestra las coordenadas GPS del lugar donde se tomó la foto, incluyendo una imagen de Google Maps con dicho punto marcado:

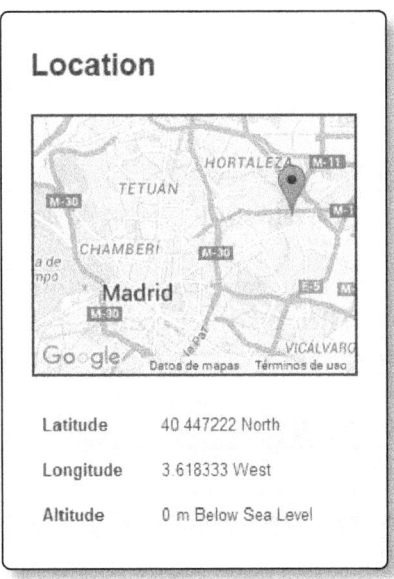

Figura A42. Datos de localización de la fotografía original

Por último, podemos ver la fecha y la hora en que se creó la imagen en el aparatado EXIF:

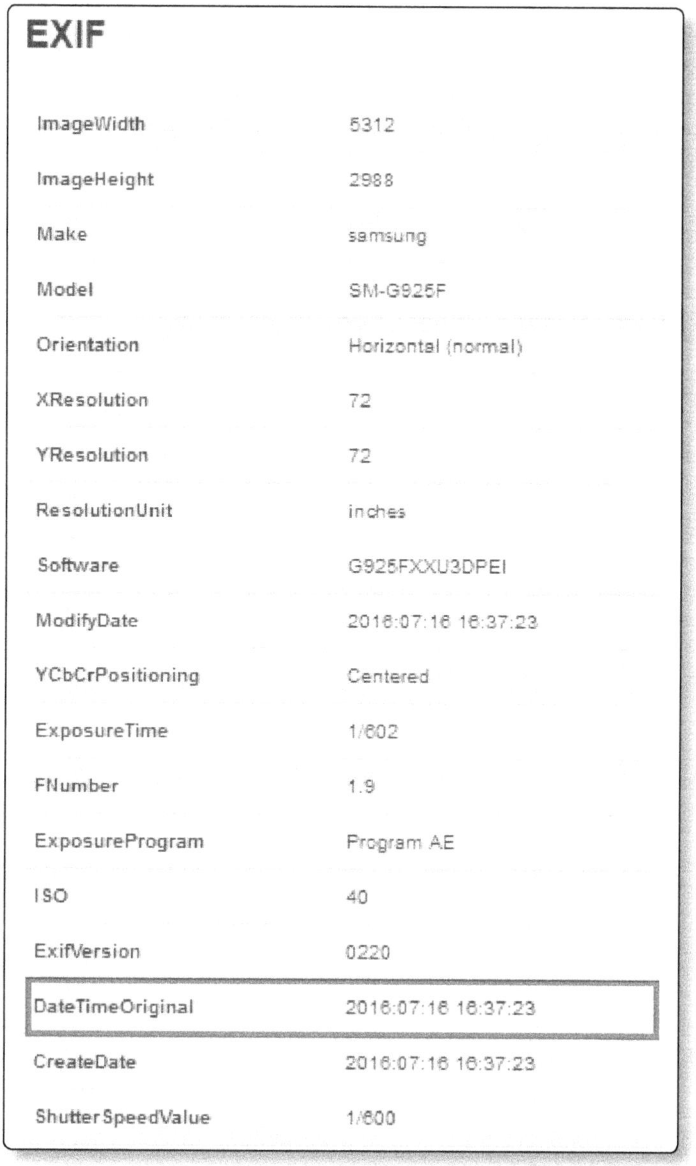

EXIF

ImageWidth	5312
ImageHeight	2988
Make	samsung
Model	SM-G925F
Orientation	Horizontal (normal)
XResolution	72
YResolution	72
ResolutionUnit	inches
Software	G925FXXU3DPEI
ModifyDate	2016:07:16 16:37:23
YCbCrPositioning	Centered
ExposureTime	1/602
FNumber	1.9
ExposureProgram	Program AE
ISO	40
ExifVersion	0220
DateTimeOriginal	2016:07:16 16:37:23
CreateDate	2016:07:16 16:37:23
ShutterSpeedValue	1/600

Figura A43. Datos de creación de la fotografía original

Como podemos observar, esto de los metadatos, que antes nos podía parecer algo lejano y de poca importancia, de repente se convierte en demasiados datos que ponemos a disposición de todo aquel que se haga con la imagen digital.

Hace muy poco tiempo, cuando se compartían las imágenes a través de aplicaciones de mensajería instantánea o en redes sociales, las imágenes iban tal cual era la original, con todos sus metadatos incluidos. Pero ante el creciente interés de los usuarios en la seguridad de su información, los desarrolladores se pusieron manos a la obra para solucionar este asunto.

Vamos a ver qué han conseguido.

Metadatos en una imagen tras haber sido compartida

Para ver qué pasa con los metadatos contenidos en nuestra fotografía una vez ha sido compartida, la he enviado por Whatsapp, y la he subido tanto a Facebook como a Twitter, desde donde otro usuario las ha descargado para analizarlas. Una vez recopiladas todas ellas, las volvemos a pasar por el filtro de Metapicz para ver los resultados.

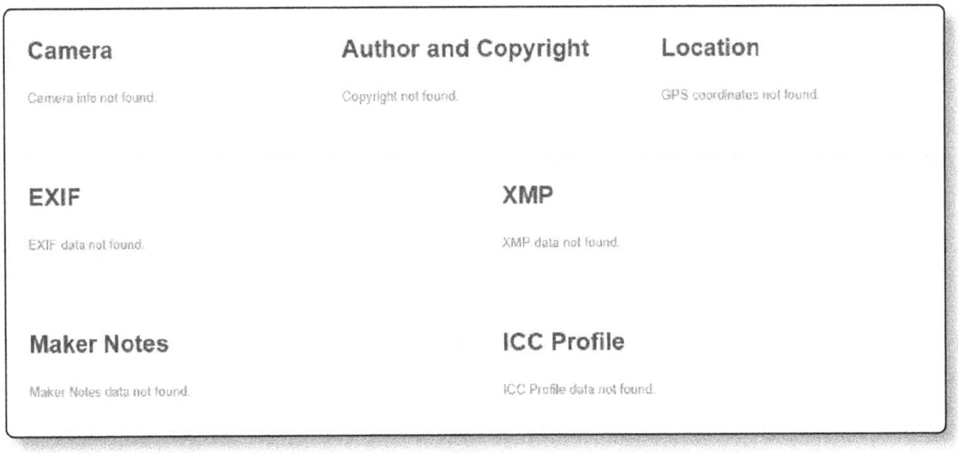

Camera
Camera info not found.

Author and Copyright
Copyright not found.

Location
GPS coordinates not found.

EXIF
EXIF data not found.

XMP
XMP data not found.

Maker Notes
Maker Notes data not found.

ICC Profile
ICC Profile data not found.

Figura A44. Datos obtenidos con las imágenes compartidas por Whatsapp y Twitter

Como podemos comprobar, tanto en el caso de Whatsapp como en el de Twitter, los metadatos de la fotografía se han eliminado por completo. Ambas empresas han hecho un buen trabajo en este sentido y podemos estar seguros cuando compartimos imágenes a través de estas plataformas.

Figura A45. Datos obtenidos con la imagen compartida en Facebook

En el caso de Facebook vemos como, al igual que en los casos anteriores, los metadatos que contenía la fotografía se han eliminado en su totalidad, excepto los relativos al perfil de colores utilizados en la imagen, pero que no son muy importantes en cuanto a nuestra privacidad se refiere.

Como hemos podido comprobar de primera mano, los usuarios podemos estar tranquilos en cuanto a los metadatos que contienen las imágenes cuando las compartimos en estas redes sociales.

Pero esto no quita que debamos tener cuidado con ellos cuando subimos nuestras fotografías a una página web, o se las pasamos las fotografías a alguien en un pincho USB para que las copie, en cuyo caso perdemos el control sobre esas copias que sí que llevan dentro toda la información que hemos visto. Por este motivo vamos a ver cómo podemos borrar toda esta información de nuestras instantáneas antes de difundirlas.

Borrar los metadatos de una fotografía

Para borrar los metadatos existen multitud de programas que, instalándolos en nuestro ordenador, nos van a permitir realizar esta tarea. Pero al igual que para ver esta información, voy a recurrir a una solución *online* para hacerlo.

En este caso vamos a acceder a la página VerEXIF (*http://www.verexif.com*).

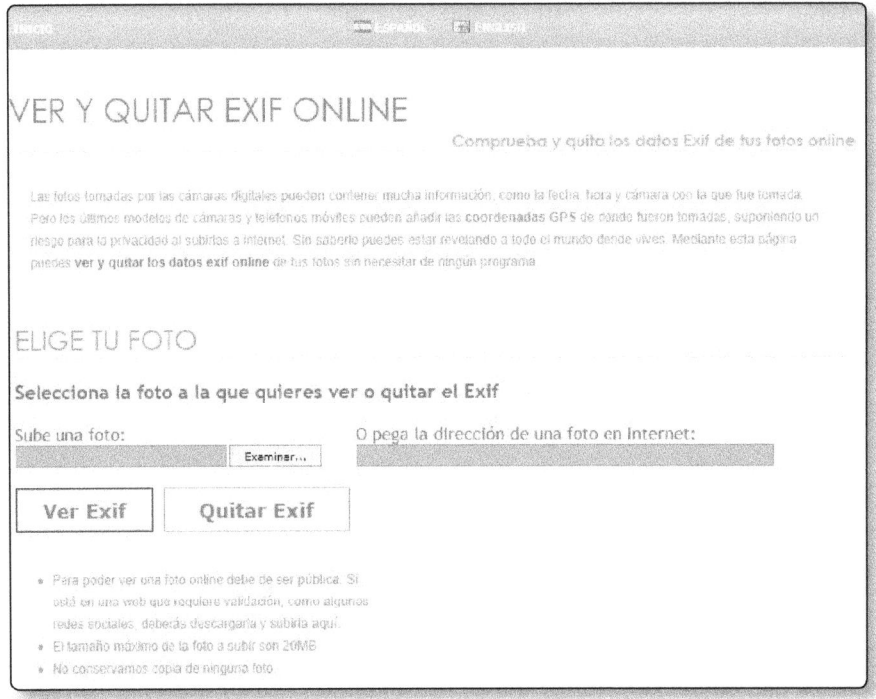

Figura A46. Página web VerEXIF que nos permite borrar los metadatos de fotografías

La página nos ofrece la posibilidad tanto de consultar los metadatos como de borrarlos, pero en la consulta nos da mucha menos información de la que nos ofrecía Metapicz, por eso usamos ésta en el primer paso.

Dentro de la página presionaremos el botón *Examinar*, y en el explorador de archivos que nos aparece buscamos la imagen original con la que hemos empezado a trabajar, que recordemos, tiene todos los metadatos intactos.

Una vez hecho esto pulsaremos el botón Quitar EXIF que tenemos debajo para proceder con el proceso de borrado de la información. Se nos mostrará una ventana donde nos informa de que se va a descargar un nuevo archivo a nuestro equipo (la fotografía con los metadatos ya borrados).

Figura A47. Descarga de la imagen sin los metadatos

El proceso de descarga se iniciará al presionar el botón Guardar. Una vez terminado vamos a nuestra carpeta de Descargas para poder acceder a la nueva fotografía.

Descargas
Compartir
Vista
> Este equipo > Descargas
foto_no_exif

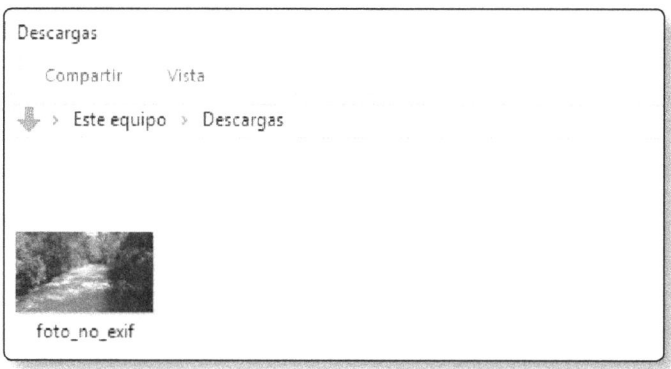

Figura A48. Fotografía descargada tras haber borrado sus metadatos

Si abrimos la imagen comprobaremos que es exactamente igual a la que teníamos en un principio, por lo menos en apariencia.

Veamos qué ha sucedido con sus metadatos. Volvemos a entrar en la página Metapicz y repetimos el proceso para consultar su información oculta. Esto es lo que nos encontramos:

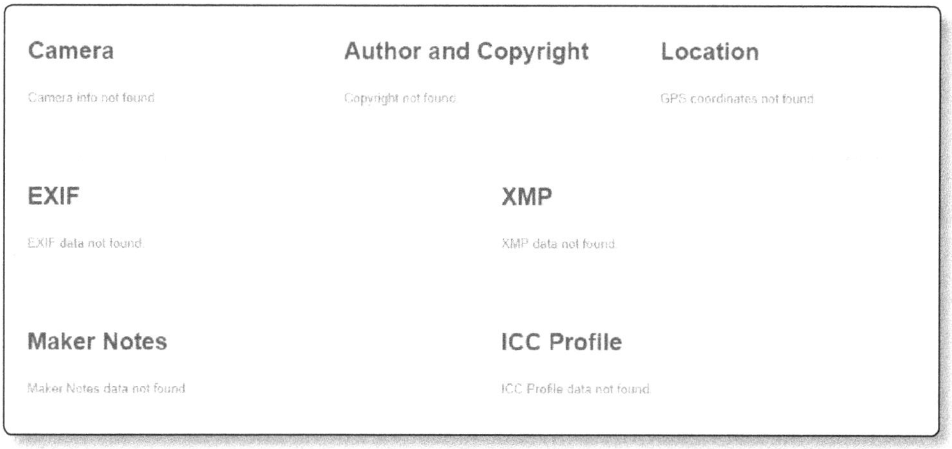

Camera
Camera info not found
Author and Copyright
Copyright not found
Location
GPS coordinates not found
EXIF
EXIF data not found
XMP
XMP data not found
Maker Notes
Maker Notes data not found
ICC Profile
ICC Profile data not found

Figura A49. Consulta de los metadatos de la nueva imagen descargada

Como vemos, todos sus metadatos se han eliminado. Ya tenemos el archivo listo para poder compartirlo sin estar facilitando más información de la debida.

ANEXO VII. GLOSARIO DE TÉRMINOS

Como todo tema técnico, la seguridad digital tiene su propio vocabulario para definir muchos conceptos que entran en juego cuando hablamos de ella.

Este es un libro dirigido a cualquier usuario, por lo que es posible que, cuando hayas empezado con él, la mayoría de estas palabras no supieras ni que existían. Por ello he decidido hacer aquí una recopilación de todos estos términos que han ido saliendo a lo largo de todos los casos que hemos visto.

He intentado explicar de la forma más clara posible cada uno de ellos en el momento que correspondía, pero por si puede servir de mayor aclaración, o como consulta posterior si no recordamos qué significaba alguna cosa en concreto y no queremos tener que buscar el caso en el que se trataba, aquí dejo el glosario de todo aquello que considero pueda ser de interés.

▼ *ADWARE*: del inglés *advertising* (publicidad) y *ware* (programa). Concepto que engloba a todo aquel *software* que se encarga de mostrar de forma automática publicidad en Internet en diferentes formatos: dentro de una página, con ventanas emergentes, durante instalaciones

▼ **ALGORITMO DE CIFRADO:** conjunto de instrucciones u operaciones que, junto con una clave de cifrado, se llevan a cabo sobre un mensaje legible para encriptarlo.

▼ *BACK-UP*: anglicismo sinónimo de *Copia de seguridad*.

▼ *BANNER*: enlaces publicitarios incluidos dentro de páginas web. Suelen presentarse en forma de imágenes o animaciones que buscan llamar la atención del usuario para que pinche en ellos y redirigir su tráfico hacia la web del anunciante.

▼ *BLUEBUGGING*: ataque a través de la conexión *bluetooth* de un dispositivo que busca hacerse con el control total en remoto del mismo.

▼ *BLUEJACKING*: Ataque de *spam* a través de la conexión *bluetooth* de un terminal.

▼ *BLUESNARFING*: ataque sobre dispositivos móviles consistente en las escuchas no autorizadas de conversaciones telefónicas, mediante el hackeo del manos libres *bluetooth* que se esté empleando para ello.

▼ *BLUETOOTH*: tecnología de comunicación inalámbrica de corto alcance muy extendida en dispositivos electrónicos móviles.

▼ **BUG:** errores, de cualquier tipo, que incluyen los programas informáticos y que provocan un funcionamiento incorrecto de la aplicación. Los desarrolladores de software suelen reparar estos fallos en sus productos mediante las actualizaciones que implementan según se van descubriendo.

▼ **CHAT:** tecnología de comunicación instantánea entre usuarios mediante el uso de un *software* y una conexión a una red, generalmente Internet.

▼ *CIBERBULLYING*: delito telemático consistente en la acción de ejercer acoso psicológico entre menores a través de medios telemáticos. Si el caso fuera entre adultos se consideraría ciberacoso; y si fuera entre un menor y un adulto se denomina *grooming*.

▼ **CIFRAR (O ENCRIPTAR):** procedimiento que emplea un algoritmo de cifrado y una clave para transformar un mensaje en otro incomprensible. El mensaje generado podrá ser descifrado por aquel que tenga la clave de descifrado, que podrá ser la misma que la de cifrado o no.

▼ **CLAVE DE CIFRADO:** conjunto de caracteres que se emplea junto con un algoritmo de cifrado para encriptar un mensaje.

▼ **CONTROL PARENTAL:** procedimiento que busca impedir o limitar el acceso de los menores a determinados contenidos en Internet no apropiados para su edad.

▼ *COOKIES*: pequeños programas informáticos enviados por las páginas web y almacenados en los ordenadores de los usuarios. Una de sus principales misiones es recabar información sobre los hábitos de navegación, normalmente con fines publicitarios, aunque pueden ser empleados para ataques como *spyware*, por lo que pueden llegar a ser un peligro para la privacidad.

▼ *CRACK*: código de *software* creado para actuar sobre otro programa y modificar su comportamiento sin la autorización del desarrollador original. Son muy empleados para piratear aplicaciones de pago, saltándose las restricciones de las mismas y permitiendo su uso libre.

▼ *CREEPWARE:* tipo de malware cuyo objetivo es tomar el control de forma remota de la cámara web o el micrófono de un equipo para así poder grabar imágenes o sonido sin que el propietario del ordenador sea consciente de ello.

▼ *FIREWALL:* dispositivo, ya sea *hardware* o *software*, que controla los accesos a un determinado sistema o red, permitiendo aquellos que son aceptados y bloqueando los que no lo son.

▼ **FIRMWARE**: programa informático que se encarga de controlar circuitos electrónicos de algún dispositivo. Normalmente va integrado en los propios circuitos *hardware* y gestiona que el dispositivo funcione correctamente.

▼ **FREEWARE:** programa informático que se distribuye de forma gratuita para su uso durante un tiempo limitado o bajo unas determinadas condiciones. Suele emplearse como prueba del *software* para decidir si se quiere después pagar por él o no. No debe confundirse con el *software* libre, distribuido sin limitaciones de forma gratuita, aunque por su terminología inglesa pueda llevar a confusión.

▼ **FUERZA BRUTA:** ataque que busca obtener una clave (de acceso, de cifrado…) probando todas las combinaciones posibles que puede tener hasta dar con la correcta.

▼ **GPS:** del inglés, *Global Positioning System*. Sistema que, mediante una red de satélites, permite la localización en cualquier parte de la Tierra de una persona o de un objeto con una precisión de hasta centímetros.

▼ **GROOMING:** delito telemático que consiste en el engaño de un adulto hacia un menor con el objetivo de ganarse su confianza y poder realizar algún tipo de abuso sexual sobre el mismo.

▼ **HOAX:** bulo. Son mensajes, a través de correo electrónico, redes sociales, etcétera, que alertan de falsas alarmas de cualquier tipo, y que se intentan extender a la mayor cantidad de usuarios posibles con el objetivo de conseguir cuentas activas, engañar o molestar a los usuarios.

▼ **INFORMÁTICA FORENSE:** ciencia basada en la aplicación de técnicas científicas y analíticas sobre equipos informáticos para detectar o investigar ataques sobre los mismos.

▼ **IP (DIRECCIÓN):** número que identifica un dispositivo dentro de una red. Cuando un ordenador se conecta a Internet, se le asocia una dirección IP para saber dónde se deben enviar los paquetes de los que sea destinatario. Se puede saber quién ha realizado alguna acción determinada en la red gracias a este parámetro.

▼ **ISP:** del inglés, Internet Service Provider. Es la compañía con la que contratamos nuestro acceso a la red.

▼ **KEYGEN**: *software* generador de claves de registro para ser empleadas con programas de pago, que sustituye la clave entregada al pagar por él, y permite el uso de la aplicación de forma libre e ilegal.

▼ *KEYLOGGER*: tipo de software o dispositivo hardware cuyo objetivo es guardar las pulsaciones de teclado que se realizan en el equipo sobre el que está instalado, para transmitirlas después al atacante. Es una forma muy empleada en el robo de credenciales de acceso a cuentas de sesión.

▼ **LOGIN:** anglicismo empleado como sinónimo de entrar. Es el proceso de inicio de sesión o de entrada a algún servicio o sistema informático a través de credenciales de acceso (nombre de usuario y contraseña).

▼ **MAC (DIRECCIÓN):** del inglés, *Media Access Control*. También denominada dirección física, es una serie de caracteres alfanuméricos que identifica de forma única a una tarjeta o un dispositivo de red. Es única para cada dispositivo que hay en el mundo.

▼ *MALWARE:* todo aquel programa informático que tiene como objetivo realizar algún efecto dañino en el equipo sobre el que actúe, ya sea destruir información, espiar y recabar información o simplemente perjudicar el correcto funcionamiento de la máquina. Incluye virus informáticos, troyanos, gusanos, *adware, spyware*...

▼ *MARKET*: mercado. Se entiende por *market* aquellos sitios web que permiten la descarga de aplicaciones para dispositivos móviles. Cada sistema operativo tiene el suyo propio donde se controla la veracidad del *software* que en ellos se cuelga, por lo que siempre se debe acudir a estos y no a otros *markets* alternativos.

▼ **METADATOS:** son datos que describen otros datos o archivos de datos. Suelen representar diferentes propiedades de un archivo como la fecha de creación, de la última modificación o el autor. En el caso de las fotografías pueden indicar el lugar y el momento en los que fueron tomadas, o el modelo de teléfono móvil o de cámara digital con que fueron hechas.

▼ **NFC:** siglas en inglés para Comunicación en Campo Cercano. Es una tecnología de comunicación inalámbrica de muy corto alcance, muy popular actualmente en los dispositivos móviles para procesos de pago.

▼ **P2P:** del inglés *peer to peer*, red de pares en español. Es una red de ordenadores en la que no existe una arquitectura cliente-servidor como tal, sino que cada usuario puede hacer las veces de ambos (cualquiera puede enviar o recibir datos). Permiten el intercambio libre de información entre todos los nodos de la red.

▼ *PASSWORD*: anglicismo sinónimo de *contraseña*.

▼ *PHISING*: también conocido como suplantación de identidad. Es un tipo de delito telemático, en el cual se consigue información confidencial mediante ingeniería social para posteriormente hacerse pasar por la persona o la empresa suplantada, y llevar a cabo acciones constitutivas de delito.

▼ **PIN:** de las siglas en inglés *Personal Identification Number* o *Número de Identificación Personal*. Es un tipo de contraseña, formada por una serie de dígitos (normalmente cuatro) que se suelen emplear en tarjetas de crédito o en tarjetas SIM de telefonía móvil.

▼ *PLUGGIN*: programa informático que complementa a un segundo añadiéndole nuevas funcionalidades. Son muy habituales los *pluggins* de juegos o de aplicaciones instalados en los navegadores web.

▼ **POP-UP:** ventanas emergentes que suelen utilizarse en entornos web para diferentes fines, normalmente sin que el usuario lo haya solicitado. Su uso más habitual es mostrar publicidad en muchas páginas.

▼ **QR (CÓDIGO):** del inglés, Quick Response code. Están compuestos de una matriz de puntos bidimesional. Vienen a sustituir a los códigos de barras tradicionales, permitiendo una lectura a alta velocidad para dirigirnos a un sitio web.

▼ **ROUTER:** dispositivo electrónico que se encarga de la conectividad de una red. Al instalar una conexión de acceso a Internet en nuestros hogares, este aparato es el que se encarga de mandar los datos a nuestro ordenador (cuando descargamos algo de la red) o enviarlos hacia Internet (si estamos subiendo información).

▼ *SCAM*: estafa. En el ámbito de la ciberseguridad, se emplea para definir los correos electrónicos que esconden un intento de estafa de algún tipo, normalmente de *phising*.

▼ *SEXTING:* es el envío de material con contenido sexual, fotos y vídeos generalmente, del propio remitente a otra u otras personas.

▼ **SMS:** Servicio de Mensajes Cortos de telefonía. Servicio disponibles en los teléfonos móviles, actualmente en desuso debido a la aparición de aplicaciones gratuitas de mensajería instantánea en los terminales inteligentes, como puede ser el caso de Whatsapp.

▼ *SPAM*: correos no deseados que recibe un usuario sin haberlos solicitado. Suelen enviarse de forma masiva a través de listas de correos electrónicos. Su finalidad principal es la publicitaria, aunque pueden ser empleados para conseguir información de usuarios a los que dirigir ataques que atenten contra su seguridad digital.

- ▼ **SPYWARE**: tipo de *malware* cuyo objetivo es la recopilación de información sensible del ordenador donde está instalado y de los usuarios que lo utilizan, y posteriormente transmitirla al atacante sin el conocimiento de la víctima.

- ▼ **SNIFFER:** programa informático que capta el tráfico de información que genera un ordenador con los dispositivos que tiene conectados, e incluso puede registrar la actividad del propio equipo. Son muy empleados en técnicas de *hacking* para obtener los datos que se transmiten entre el ordenador y el *router*.

- ▼ **SSID:** serie de caracteres alfanuméricos que proporcionan un nombre a una red inalámbrica para poder distinguirla del resto.

- ▼ **URL:** del inglés, *Uniform Resource Locator*. En nuestro ámbito se refiere a los caracteres que identifican a un sitio web dentro de la red, es decir, la dirección que escribimos en el navegador para acceder a él.

- ▼ **USB:** del inglés, *Universal Serial Bus* o Bus Universal de Serie. Es un estándar industrial de conectores de dispositivos electrónicos y periféricos de ordenador. Está muy extendido en la actualidad, y la gran mayoría de pendrives y discos duros de almacenamiento externo funcionan bajo esta tecnología.

- ▼ **WEBMASTER:** del inglés, web y master. Es el encargado del desarrollo y/o mantenimiento de un sitio web. Según cada caso en particular, puede estar referido al funcionamiento y la operatividad de la web, al contenido que se muestra en la misma, o a ambos aspectos simultáneamente.

ANEXO VIII. REFERENCIAS

Muchas han sido las horas delante de libros y de la pantalla del ordenador buscando información sobre seguridad digital e intentando aprender algo de los auténticos maestros en la materia para llevar a cabo este proyecto.

Desde aquí todo mi reconocimiento y mi más absoluto respeto hacia la labor que desarrollan, intentando hacer cada día de la red un lugar un poquito más seguro para todos.

A continuación se presentan, por orden alfabético, todas aquellas referencias bibliográficas y recursos web empleados a lo largo de todos los meses de desarrollo de este libro, y se anima al lector a seguir profundizando en sus conocimientos a través de ellos.

Libros

- *Buenas prácticas para el borrado seguro de dispositivos móviles*. Centre Seguretat TIC de la Comunitat Valenciana.

- Salas, Antonio: *El hombre que susurraba a las máquinas*. Espasa, 2015.

- *Estudio sobre riesgos de seguridad derivados del software de uso no autorizado*. Instituto Nacional de Tecnologías de la Comunicación

- Domingo Prieto, Marc: *Seguridad en dispositivos móviles*. UOC.

- "Seguridad en dispositivos móviles". *Monográficos de Seguridad del Catálogo STIC*.INTECO CERT.

- Avilés, Ángel Pablo "Angelucho": X1RED+SEGURA. Informando y educando. V. 1.0. Creative Commons.

Webs

- Agencia Española de Protección de Datos: *http://www.agpd.es*

- Asociación de Usuarios de Internet: *http://www.aui.es*

- Centro de Estudos, Resposta e Tratamento de Incidentes de Segurança no Brasil: *http://cartilla.cert.br*

- Como robar wifi: *http://comorobarwifi.org*

- Crypt4you. Aula virtual: *http://www.criptored.upm.es/crypt4you/portada.html*

- Diario *ABC*: *http://www.abc.es*

- Diario *La Razón*: *http://www.larazon.es*

- Diario *La Vanguardia*: *http://www.lavanguardia.com*

- Diario *Levante*: *http://www.levante-emv.com*

- Empresa Kaspersky: *http://www.kaspersky.es*

- Empresa Panda Security: *http://www.pandasecurity.com*

- Empresa Seguridad web 20: *http://www.seguridadweb20.es*

- Grupo Datcon: *http://grupodatcon-norte.com*
- Grupo de Delitos Telemáticos de la Guardia Civil: *https://www.gdt.guardiacivil.es*
- Oficina de seguridad del internauta: *https://www.osi.es*
- Policía Nacional: *http://www.policia.es*
- Portal ADSLZone: *http://www.adslzone.net*
- Portal Denuncia OnLine: *http://denuncia-online.org*
- Portal El androide libre: *http://www.elandroidelibre.com*
- Portal El idioma de la web: *http://elidiomadelaweb.com*
- Portal Genbeta: *http://www.genbeta.com*
- Portal Hipertextual: *http://hipertextual.com*
- Portal Información sensible: *http://www.informacionsensible.com*
- Portal Informática Hoy: *http://www.informatica-hoy.com.ar*
- Portal MCPro: *http://www.muycomputerpro.com*
- Portal Paréntesis: *http://www.parentesis.com*
- Portal Red Seguridad: *http://www.redseguridad.com*
- Portal Segu-Info: *http://www.segu-info.com.ar*
- Portal Segu-Kids: *https://www.segu-kids.org*
- Portal SeguridadPC: *http://www.seguridadpc.net*
- Portal Silicon: *http://www.silicon.es*
- Portal The Think Tank: *https://thethinktank.es*
- Portal We Live Security: *http://www.welivesecurity.com*
- Portal Wikihow: *http://es.wikihow.com*
- Portal de noticias *Economía Digital*: *http://www.economiadigital.es*
- Portal de noticias NetNoticias: *http://netnoticias.mx*

- Proyecto Control Parental: *http://www.control-parental.es*
- Revista *Computer Hoy*: *http://computerhoy.com*
- Revista *PC Actual*: *http://www.pcactual.com*
- Revista PC World: http://www.pcworld.es

Blogs

- *El Blog de Angelucho*: *http://elblogdeangelucho.com/elblogdeangelucho/* - Ángel-Pablo Avilés
- *Blog de ChristianDvE*: *http://www.christiandve.com*
- Blog *Flu-project*: *http://www.flu-project.com*
- Blog *Hijos digitales*: *http://www.hijosdigitales.es*
- Blog *Magic Words of Intelligence*: *http://inteligenciacomunicaciononline.blogspot.com.es*
- Blog *Un informático en el lado del mal*: *http://www.elladodelmal.com* – Chema Alonso

www.ingramcontent.com/pod-product-compliance
Lightning Source LLC
Chambersburg PA
CBHW080919170426
43201CB00016B/2201